Für Frida

DIE DEUTSCHLAND ENTDECKER

»Sehen, woran man sonst nur vorbeirauscht«

Bruno Maul
Manuela Wetzel

DIE DEUTSCHLAND ENTDECKER

Eine ungewöhnliche Reise durch unsere Heimat

FREDERKING & THALER

INHALT

NORDSEE
OSTSEE
0 50 km
N
NORDFRIESISCHE INSELN
Westerland
SYLT
FÖHR
Niebüll
Flensburg
Schleswig
Husum
Heide
HELGOLAND
Kiel
Puttgarden
FEHMARN
Wikinger
Neumünster
Itzehohe
Brunsbüttel
Cuxhaven
OSTFRIESISCHE INSELN
SPIEKEROOG
Norden
Aurich
Jever
Wilhelms-
haven
Bremerhaven
Stade
Hamburg
Lübeck
Wismar
Schwerin
Rostock
Stralsund
Greifswald
RÜGEN
Nationalpark
Jasmund
Sassnitz
USEDOM
Anklam
Güstrow
Neubrandenburg
Mecklenburgische
Seenplatte
Müritz-
Nationalpark
Neustrelitz
Prenzlau
Mirow
Rheinsberg
Gransee
Schwedt
Neuruppin
Biosphären-
reservat
Schorfheide-
Chorin
Berlin
Emden
Leer
Ostfriesland
Walter Bunker
Mayer Werft
Oldenburg
Delmenhorst
Bremen
Worpswede
Lauenburg
Ludwigslust
Lüneburg
Lüneburger
Heide
Soltau
Verden
Uelzen
Wittenberge
Havelberg
Salzwedel
Altmark
Stendal
Meppen
Quaken-
brück
Nienburg
Celle
Wolfsburg
Brandenburg
Potsdam
Fürstenwalde
Frankfurt/O.
Rheine
Osnabrück
Minden
Hannover
Braunschweig
Königslutter
Magdeburg
Bielefeld
Hameln
Hildesheim
Salzgitter
Münster
Münsterland
Gütersloh
Alfeld
Goslar
Bad
Harzburg
Quedlinburg
Dessau
Lutherstadt
Wittenberg
Spreewald
Biosphärenreservat
Cottbus
Reckling-
hausen
Paderborn
Weserberg-
land
Holzminden
Bernburg
Dortmund
Göttingen
Lutherstadt
Eisleben
Halle
Finsterwalde
Torgau
Hoyerswerda
Bad Muskau
Essen
Bochum
Bischofferode
Kallwerk
Nordhausen
Leipzig
Krefeld
Wuppertal
Sauerland
Kassel
Sondershausen
Merseburg
Düsseldorf
Nationalpark
Kellerwald-
Edersee
Mühlhausen
Naumburg
Dresden
Bautzen
Görlitz
Oberlausitz
Leverkusen
Köln
Aachen
Siegen
Bad Hersfeld
Eisenach
Gotha
Erfurt
Weimar
Jena
Dornburg
Gera
Nationalpark
Sächsische
Schweiz
Zittau
Bonn
Marburg
Thüringer
Wald
Chemnitz
Westerwald
Wetzlar
Gießen
Fulda
Rhön
Meiningen
Zwickau
Annaberg-
Buchholz
Erzgebirge
Eifel
Neuwied
Koblenz
Taunus
Bad Nauheim
Vogtland
Coburg
Hof
Rheingau
Wiesbaden
Frankfurt
Frankenwald
Markt-
redwitz
Mosel
Bingen
Mainz
Aschaffenburg
Bayreuth
Trier
Darmstadt
Würzburg
Bamberg
Idar-Oberstein
Worms
Tauber-
bischofsheim
Kitzingen
Erlangen
Weiden
Böhmerwald
Ludwigshafen
Rothenburg
ob der Tauber
Fürth
Nürnberg
Amberg
Heidelberg
Ansbach
Saarbrücken
Rothsee
Frankische
Pirmasens
Heilbronn
Schwäbisch-
Hall
Cham
Gr. Arber
Dinkelsbühl
Regensburg
Bayerischer Wald
Zwiesel
Baden-
Baden
Nördlingen
Eichstätt
Stuttgart
Donauwörth
Straubing
Deggendorf
Ingolstadt
Passau
Tübingen
Geislingen
Schwäbische Alb
Offenburg
Reutlingen
Landshut
Schwarzwald
Ulm
Neu-Ulm
Augsburg
Freising
Mühldorf
Breisgau
Dachau
München
Freiburg
Tuttlingen
Starnberg
Mindelheim
Rosenheim
Traunstein
Chiemsee
Chiemgau
Freilassing
Lörrach
Konstanz
Bodensee
Lindau
Kempten
Allgäu
Füssen
Oberammergau
Staffelsee
Garmisch-
Partenkirchen
Berchtesgaden
Nationalpark
Berchtesgaden
Altstädten
Zugspitze
Alpen
Elbe
Weser
Ems
Rhein
Main
Neckar
Donau
Saale
Spree
Havel
Fulda
Aller
Isar
Inn
Lahn
Tauber

VAUDE

Mit Sack und Pack
und Kind und Hund Billy

DEM DEUTSCHEN VOLKE

AUSGERECHNET DEUTSCHLAND

Warum hier, mit Kind und per Fahrrad?

» Warum denn in die Ferne schweifen? Sieh, das Gute liegt so nah! «

Deutschland entschleunigt erleben – das ist das eigentliche Ziel für eine Fahrradreise durch unser Heimatland. Wer sind wir? Wie sind wir? Und was ist das für ein Land, in dem wir leben?

» Das Fahrrad stellt für uns das ideale Fortbewegungsmittel dar, um viel Gepäck durch die Lande zu kutschieren. «

Den eigenen Weg finden

Die Welt sehen, fremde Länder erkunden, andere Kulturen erleben, Menschen kennenlernen, den eigenen Horizont erweitern – das war der Antrieb für vergangene Reisen. Doch immer wieder fragten wir uns: Kennen wir eigentlich unser eigenes Land? Die modernen Transportmöglichkeiten lassen es nicht besonders groß erscheinen. Das ruft leicht den Eindruck hervor, dass man praktisch alles schon kennt. Doch selbst wenn wir aus Schnellzügen und von den Fernstraßen nach links und rechts blicken: Wie viel kann man bei diesen Geschwindigkeiten überhaupt aufnehmen? Was könnten wir außerhalb der Autobahnraststätte erleben, wenn wir mal eine Stunde in die Landschaft hineinspazieren? Welche fremden Gesichter lernen wir kennen, wenn wir uns die Zeit nehmen, am Gartenzaun stehen zu bleiben und ein Gespräch anzufangen? Welche Geschichten kann Deutschland erzählen? Was für Klänge können wir in den Straßen einfangen? Auf fast allen unseren bisherigen Reisen waren wir beeindruckt von der Gastfreundschaft der Menschen in der Ferne. Aber wie werden Reisende in unserem Land aufgenommen? Und nicht zuletzt: Wer bin ich, wer sind wir in diesem Land? Genügend Fragen, um zu erkennen: Deutschland ist eine Reise wert! Und seit unsere Tochter Frida bei uns ist, wurde aus dem Wunsch ein Plan: Wir wollen dieses uns

Buntspecht, Azurjungfer, Ringelnatter oder einfach nur das Gras im Abendlicht – die Begegnungen am Wegesrand und die stillen Momente sind es, die unsere Reise bereichern.

Schwer bepackt unterwegs: Mit den Augen eines Reisenden nimmt man vieles anders wahr.

irgendwie doch so fremde Deutschland – unser Land, das Heimatland unseres Kindes – mit den offenen und neugierigen Augen dieses Kindes und der Reisenden sehen. Auch wenn Frida nicht viel von der Reise in ihrem bewussten Gedächtnis abspeichern wird, so wird sie doch alles auf ihre eigene Weise wahrnehmen, und die Erlebnisse werden sie lange begleiten. Für uns ist die Reise durch unsere Heimat auch ein Blick nach innen auf der Suche nach der eigenen Identität und ein Stück Hineinwachsen in die neue Rolle als Eltern. Die intensive gemeinsame Zeit soll uns die Möglichkeit geben, fernab von »Man sollte ...«, »Wir müssten noch ...« und »Hast du nicht ...« zu spüren, was wir als Familie brauchen, um mit Freude gemeinsam unseren Weg gehen zu können.

Ja, und warum mit dem Fahrrad? Auch wenn das banal klingt: einfach, weil uns nichts Besseres einfällt. Das Fahrrad stellt für uns das ideale Fortbewegungsmittel dar, um viel Gepäck durch die Lande zu kutschieren. Auf zwei Drahteseln bringen wir unseren ganzen notwendigen Krimskrams und die Fotoausrüstung unter. So können wir mit wenig Geld und möglichst autark über große Strecken und lange Zeit reisen. Die relativ langsame Geschwindigkeit des Reiseradelns empfinden wir dabei nicht als Nachteil, im Gegenteil: Bei diesem Tempo kann auch der Geist mit den ganzen Eindrücken Schritt halten. Der wichtigste Aspekt dieser Reise ist für uns, genügend Zeit zu haben, um auch dem heimatlichen Land die Möglichkeit zu geben, sich mit all seinen Facetten zu zeigen. Auch auf anderen Reisen interessieren uns nie die sogenannten Sehenswürdigkeiten oder kulturellen Highlights, die man auf einschlägigen »To see«-Listen abhaken kann, sondern die unspektakulären Begegnungen am Wegesrand, die man überall erlebt, wenn man mit offenen Augen unterwegs ist und einen die innere Uhr nicht weitertreibt. Wir gönnen uns Zeit – Zeit, um zu sein, Zeit, um zu entdecken, Zeit, um uns weitertreiben zu lassen.

Und so haben wir uns im Mai 2011 auf den Weg in unsere uns unbekannte Heimat gemacht.

Frühjahrserwachen im Allgäu

Zwei Sommer lang verlagerten wir unser Familienleben in die Natur.

Ballast abwerfen

Auf unseren Reisen haben wir immer wieder Menschen kennengelernt, die schon lange unterwegs waren, einige reisten über mehrere Jahre hinweg durch die Welt. Die meisten dieser Langzeitreisenden kamen mit äußerst wenig Gepäck aus. Ein junger Kolumbianer hatte nur einen kleinen Rucksack mit seinem Schlafsack darin und eine alte Gitarre, bei der ein Teil des Bodens fehlte. Im Bauch der Gitarre befanden sich Klamotten und ein Stück Weißbrot. So war er schon viele Jahre in Europa unterwegs. Wir bewundern diese Menschen und beneiden sie sogar ein bisschen um ihr minimalistisches Gepäck. Und das nicht nur wegen des geringen materiellen Ballasts. Denn eine Reihe von nicht ganz billigen Ausrüstungsgegenständen dabeizuhaben, bedeutet auch Sorge um diese Güter – geistigen Ballast sozusagen.

Die achtmonatige Frida spielt in Blumenwiesen statt in Krabbelgruppen.

Trotzdem schaffen wir es nie, unser Gepäck so weit zu reduzieren, dass es uns nicht mehr belastet. Allein meine Fotoausrüstung wiegt mehr als das gesamte Gepäck so manches Rucksackreisenden. Außerdem sind wir gerne möglichst unabhängig vom Wetter. Regenklamotten bieten Geborgenheit, und ein Zelt, sei es noch so klein, bedeutet in dieser Zeit die eigenen vier Wände.

Die Fahrradpacktaschen sind das Mobiliar: Eine Tasche heißt »Badezimmer«, sie enthält Waschbeutel und Handtücher. Eine andere ist der »Kleiderschrank«, eine weitere die »Küche« mit Kocher, Töpfen und Trockenfutter. Dann gibt es noch eine »Speisekammer« und das »Schlafzimmer« mit den Schlafsäcken. Jetzt ist für Frida ein »Kinderzimmer« dazugekommen, Babyklamotten und Windeln benötigen auch ihren Platz. Frida wird zu Beginn der Reise noch gestillt, was immerhin zusätzliche Babynahrung spart. Später isst sie mit, was wir auf unserem Benzinkocher zubereiten: meist Nudeln mit Pesto, Couscous mit Gemüse, oder Grießbrei.

Als Berufsfotograf habe ich auch mein »Büro« dabei, mit Laptop und technischem Gerümpel. Alles zusammen wiegt mein Fahrrad samt Anhänger, aber ohne Frida und mich exakt 100 Kilogramm.

Im Vergleich zum Alltag zu Hause ist unser Leben auf der Reise dennoch sehr reduziert. Alles, was wir zum Leben brauchen, passt auf zwei Fahrräder und den Anhänger. Selten haben wir das Gefühl, es fehlt etwas. Ballast abzuwerfen ist also immer sinnvoll, egal ob viel oder wenig.

Wir haben ein geordnetes Morgenritual, und jedes Ding hat seinen festen Platz in den Packtaschen.

» Wir fahren los, ganz ohne Landkarte, einfach nur der Nase nach. «

VOM ALLGÄU AUS GEHT'S NUR BERGAB – DENKT DER ALLGÄUER ...

Einfach rollen lassen bis nach Augsburg?!

Im schönen Allgäu geboren, sind wir gespannt, welche Facetten Deutschland sonst noch zu bieten hat. Es ist immer wieder bereichernd, wenn man eigene Vorstellungen und Vorurteile aufgrund neuer Erfahrungen über Bord werfen kann – wir sind gespannt, was uns begegnen wird!

» Fremd ist der Fremde nur in der Fremde. «

Ganz nah, und doch so fern

Der schönste Start einer Reise ist für uns der Start vor der eigenen Haustüre, auch und gerade wenn nicht feststeht, wohin uns der Weg letztlich führen wird.
Schon nach ein paar Stunden auf den Rädern, noch im Oberallgäu, stellen wir verwundert fest: Die letzten Kilometer haben wir auf Wegen zurückgelegt, auf denen wir nie zuvor gefahren sind. Dabei sind wir durch Dörfer gekommen, in denen wir nie zuvor waren. Wer diese überraschende und gleichzeitig faszinierende Erfahrung noch nicht gemacht hat, dem möchten wir sie hiermit zum Nachahmen empfehlen. Wer kennt schon das Dorf hinter dem übernächsten Dorf, den Wald hinter dem Hügel neben der eigenen Stadt? Oder den bisher unbemerkten kleinen Feldweg, der abseits der großen Straße zwei Ortschaften miteinander verbindet, die man schon oft schnell mal mit dem Auto besucht hat, bisher aber immer auf den gleichen »ausgetretenen Pfaden« – den großen Land- und Bundesstraßen. Dieses Land zwischen den vertrauten Punkten, diese Wege, welche die bekannten Schneisen nur kreuzen, ganz nahe an zu Hause und doch völlig unbekannt, für sich zu entdecken hat einen ganz eigenen, geheimnisvollen Reiz, der uns gefangen nimmt. Grob die Himmelsrichtung anpeilend, in der Augsburg liegen muss, hauptsächlich nach Norden und etwas nach Osten, radeln

Start vor der eigenen Haustür – und trotzdem haben wir sehr schnell das Gefühl, dass wir ganz, ganz weit weg sind.

Nicht nur die Landschaft, auch die Gotteshäuser verändern ihr Aussehen im Laufe unserer Reise.

wir auf gut Glück über kleine Feld- und Waldwege dahin. Bald geben wir es auf, Passanten zu fragen, ob der Weg für uns schwer bepackte Radler auf sinnvolle Weise in die nächste Ortschaft auf dem Weg nach Augsburg führt. Denn die Antworten sind oft verwirrender als die Wege selbst. Meist werden uns die großen Straßen empfohlen, die wir ja gerade vermeiden wollen. Aber wo der kleine Weg, dem wir gerade folgen, letztendlich hinführt, wissen viele Spaziergänger nicht.
Karl Valentins Spruch »Fremd ist der Fremde nur in der Fremde« stimmt insofern trotzdem, als die Fremde manchmal eben schon hinter dem nächsten Wäldchen beginnen kann. Die innere, unbeschriebene »weiße Landkarte« ist größer und beginnt viel näher an zu Hause, als man das oft annimmt.
Für uns hat dieser Ausstieg in die Fremde vor der Haustüre zur Folge, dass wir uns bald vorkommen wie in einer Parallelwelt neben dieser klar strukturierten deutschen Geschäftigkeit, der wir im Alltag ebenso wie fast alle anderen nachgehen. Die ersten zwei Nächte verbringen wir unweit unseres Heimatortes Altstädten auf einer Auwiese an der Iller. Zwei Tage und Nächte regnet es wie aus Eimern, wir akklimatisieren uns im Zelt – unserer neuen Wohnung – und warten erst einmal besseres Wetter ab. Weitere zwei Tage später sind wir im Reisealltag angekommen, mit allem, was dazugehört: nasse Klamotten im Zelt trocknen, Wäsche waschen am Fluss ohne Waschmittel, Trinkwasser besorgen, kochen auf dem Benzinkocher, um nur einige der Umstellungen zu nennen.
Wir überqueren die erste Bundesstraße, die wir in den letzten Jahren zeitweise mehrmals wöchentlich auf dem Weg zur Arbeit benutzt haben. Unzählige Autos mit stoisch vor sich hin blickenden Fahrern rauschen an uns vorbei. Wenn uns jetzt ein bekanntes Gesicht sieht, anhält und anspricht, würden wir wohl überrascht rufen: »Unglaublich, du auch hier? Was für ein Zufall!« So weit weg sind wir schon von unserem Alltag, obwohl er räumlich noch zum Greifen nahe ist.

Das Fahrradwegenetz führt uns über weite Strecken fernab von großen Straßen.

Dörfer-Hopping

Wir reisen ohne Plan im Sinne von komplettem Kartenmaterial oder gar GPS, aber keineswegs planlos. Unser Plan heißt: einfach mal der Nase nach. Die Himmelsrichtung ist klar: von der südlichsten Stadt Deutschlands, Sonthofen, aus erst einmal nach Norden.
Bald lernen wir das gut ausgeschilderte Fahrradwegenetz in Deutschland schätzen. Wenn wir einmal keine Lust mehr haben, umständlich, oft mit vielen Umwegen verbunden, von Dorf zu Dorf zu hoppen, folgen wir einfach den Schildern. So führt uns der Zusam-Radweg aus der Gegend um Bad Wörishofen ein gutes Stück in Richtung Augsburg.
Das Motto unserer Reise lesen wir dann auf einem kleinen Schild in einem Wald bei Augsburg: »Die Entfernung ist unwichtig. Nur der erste Schritt ist schwierig.«
Wir werden von saftig grünen Wäldern verschluckt und dann wieder ausgespuckt auf das offene Land. Kleine

An der Zusam geht's durch schöne Wälder in Richtung Augsburg.

Dörfer liegen unscheinbar, aber wie gemalt, sanft eingebettet in dieser lieblichen Landschaft.
In den Dörfern füllen wir unsere Wasser- und Lebensmittelvorräte auf und versuchen vergeblich, Windeln zu kaufen. Auf dem Land gibt es kaum noch Tante-Emma-Läden. Neuere, genossenschaftlich organisierte Dorfläden sind leider die Ausnahme. Meist sind die Einkaufsmöglichkeiten in die Gewerbegebiete der größeren Siedlungen und Städte abgewandert.
Eine Bäckerei finden wir zwar in den meisten Ortschaften, nur werden in Bäckereien halt selten Windeln verkauft. Dafür gibt es hier – im Gegensatz zu den städtischen Bäckereien – sehr oft selbst gebackenes Brot. Sauerteig, der noch die Zeit bekommt, zu reifen. Brot, das nicht aus Backmischungen hergestellt wird und sich geschmacklich wohltuend vom industriellen Massenbrei abhebt. Wenn wir die Verkäuferinnen darauf ansprechen und fragen, ob hier noch selbst gebacken wird, ernten wir zunächst Staunen über unser Interesse. Doch dann werden wir oft mit einem stolzen Lächeln belohnt und bekommen bereitwillig Auskunft über das Handwerk und die lange Familientradition.
Wie schön, dass wir auf unserer Reise die Zeit und Muße haben, uns für unsere Umwelt und unsere Mitmenschen zu interessieren. Sind es doch gerade diese Momente – wenn sich ein vom Alltagstrott müdes Gesicht durch uns wieder öffnet, uns wahrnimmt und sich darüber freut, dass wir es wahrnehmen –, die uns wirklich beschenken.

Die erste große Stadt ist in Sicht: Augsburg.

» Asylbewerber leben hier mit Touristen und Besuchern der Stadt Augsburg unter einem Dach. «

Zu Gast bei Freunden?

Als wir uns Augsburg nähern, haben wir beide eine Nachrichtenschlagzeile aus den vergangenen Tagen im Kopf: »Bewohner des Augsburger Stadtteils Pfannenstiel wehren sich gegen Asylbewerberunterkunft«. Automatisch denken wir an islamophobe Ausländerfeindlichkeit. Schreckensbilder der 1990er-Jahre aus Hoyerswerda und Solingen tauchen vor unserem geistigen Auge auf. Trotzdem sind wir neugierig und wollen uns ein eigenes Bild machen. Wir steuern Pfannenstiel an. In einem Jugendzentrum wird uns der Name eines Aktiven der Interessengemeinschaft »Contra Nutzungsänderung Ottostraße« genannt.

Diplom-Wirtschaftsingenieur Werner Heim ist bereit, sich mit mir zu treffen. Ich erwarte, dass er mir etwas von zu viel Zuwanderung in Bayern erzählen wird, aber falsch gedacht. Der Interessengemeinschaft gehe es nicht darum, zu verhindern, dass Asylbewerber in den Pfannenstiel kommen, im Gegenteil: Er selbst arbeite ehrenamtlich bei ProAsyl. Auch seien Türken, Marokkaner, Tunesier und weitere ausländische Mitbürger Mitglieder der Interessengemeinschaft.
Vielmehr wollten die Aktiven erreichen, dass Asylbewerber menschenwürdig untergebracht und nicht, wie hier ursprünglich geplant, 200 Menschen auf engstem Raum zu-

Menschen wie der afghanische Kalligraf Adi bringen ihre Fertigkeiten ein und verleihen dem Haus ein ganz spezielles Ambiente.

Das Grandhotel Cosmopolis setzt ein sehr individuelles Zeichen von Menschlichkeit.

sammengepfercht werden. Derzeit seien in Bayern pro Bewohner sieben Quadratmeter vorgesehen. Aber nicht einmal auf diese Mindestwohnfläche gebe es einen Rechtsanspruch.

Ein privater Investor, so Werner Heim, habe die Immobilie in der Ottostraße aus der Konkursmasse der MAN-Roland gekauft. Nun erhalte er ca. eine Million Euro öffentliche Mittel für Umbau und Sanierung des ehemaligen Bürogebäudes. Danach werde es die Regierung von Schwaben für 185 Euro monatlich pro Bewohner anmieten. Bei 200 Bewohnern errechne sich eine Kapitalrendite von ca. 17 Prozent jährlich – gegenüber üblichen zwei bis drei Prozent im privaten Wohnungsmarkt.

Es schockiert mich, dass ein Investor auf Kosten der Steuerzahler dermaßen hohen Profit aus dem Leid geflohener und verfolgter Menschen schlagen soll.

Eine der ersten Maßnahmen war der Bau einer riesigen Mauer um das Gebäude. Sollen hier die Asylbewerber vor den Augsburgern geschützt werden oder umgekehrt? Das Ganze macht jedenfalls auf uns den Eindruck, als werde eine Ghettoisierung von Anfang an in Kauf genommen. Und tragen nicht die ganzen Umstände mit dazu bei, dass nun die NPD in Augsburg als Rattenfänger auftreten und Stimmung gegen Asylbewerber machen kann?

Dabei gibt es in derselben Stadt, im Zentrum Augsburgs, eine Asylbewerberunterkunft, die als Musterbeispiel gelten sollte: das Grandhotel Cosmopolis. Hier leben Asylbewerber mit Touristen und Besuchern der Stadt unter einem Dach. Auch der Grandhotel Cosmopolis e. V. erhielt bis dato eine einmalige Zuwendung der Stadt Augsburg, allerdings etwas unter einer Million: Es waren ganze 500 Euro. Augsburger und Asylbewerber haben an der Gestaltung des Gebäudes mitgewirkt. Kein Raum gleicht hier dem anderen. Einer ist beispielsweise vom afghanischen Kalligrafen Adi im orientalischen Stil gestaltet, ein anderer von Augsburger Künstlern in schlichter, moderner Eleganz. So entsteht aus einem bunten Durcheinander ein schönes Miteinander.

Viele Wege führen uns durch schöne Wälder. Wir spüren die Kraft der Bäume.

BÄCHE UND FLÜSSE – RICHTIG WICHTIG

Von Fluss zu Fluss gen Nordost

» A weng Angst hab i g'habt un mer ned sang draut, dass i noch Nürnberch hab müssn. «

Spannend zu beobachten, wie sich langsam das Landschaftsbild, die Bauweise der Häuser und der Dialekt der Menschen ändert. Auf Wald- und Feldwegen, abseits der großen Ortschaften, ist es ein Reisen in einer Parallelwelt neben der klar strukturierten deutschen Geschäftigkeit.

» Ach, ihr habt ein Baby dabei?
Wo kommt ihr denn her? «

Nachhilfe beim Flussmeister

An den Ufern von Deutschlands Flüssen und Bächen verlaufen häufig landschaftlich herrliche Radwege, an denen kaum längere Steigungen zu erwarten sind. Damit bieten sich die Gewässer geradezu als »Verkehrsadern« für Fahrradreisende an.
Entlang der Altmühl und dem Main-Donau-Kanal hangeln wir uns in Richtung Nürnberg voran. Der Altmühl-Radweg ist zur Sommerszeit stark von Senioren auf Fahrrädern mit Elektromotorunterstützung frequentiert. Sie tun sich leicht: Aufrecht in den Sätteln sitzend und freundlich lächelnd ziehen sie an uns, den weit langsameren Packeseln, vorbei.

Auch Wege an uns unbekannten Bächen bieten oft schöne Verbindungen zwischen Ortschaften, auf denen wir viel befahrenen Straßen ausweichen.
Am Rothsee vor Nürnberg finden wir einen traumhaften Platz für unser Nachtlager: direkt am Ufer auf einer Insel im See, auf die wir über eine kleine Holzbrücke gelangt sind.
Frühmorgens hören wir ein Auto über die Brücke rumpeln. Als wir aus dem Zelt schauen, steigt gerade ein Herr mit ernstem Gesichtsausdruck aus und kommt auf uns zu: Das sei hier alles Wasserschutzgebiet, Zelten streng verboten! Wir hatten keine Schilder gesehen und entschuldi-

Herr Weingärtner nimmt sich Zeit für ein informatives und interessantes Gespräch über die Flüsse und Bäche Bayerns.

Ein wunderschönes Plätzchen zum Übernachten auf einer Insel im Rothsee.

gen uns vielmals. Er ist gerade dabei, zu einer weiteren schimpfenden Belehrung ansetzen, da hört er Frida im Zelt glucksen und stutzt: »Ach, ihr habt ein Baby dabei? Woher kommt ihr denn?« So kommen wir nett ins Gespräch. Er stellt sich als Herr Weingärtner vor, Flussmeister beim Wasserwirtschaftsamt. Oft sammle er auf seiner morgendlichen Kontrollrunde Müll und Scherben von Jugendlichen ein, die am Vorabend hier gefeiert haben, oder lösche noch schwelende Feuerstellen, obwohl das eigentlich gar nicht seine Aufgabe sei.

Sein Ärger hat sich gelegt. Er habe ja nun gesehen, dass wir kein Feuer gemacht und keinen Müll hinterlassen hätten. Schließlich lädt er uns ein, in sein Büro am See zu kommen, falls uns seine Arbeit interessiere.

Dort gibt es für uns sogar einen Morgenkaffee, und wir hören ihm zu. Den Beruf des Flussmeisters gebe es so nur in Bayern. Er sei hier unter anderem zuständig für die Regulierung des Stausees. Das Wasser aus Donau und Altmühl wird über den Main-Donau-Kanal in den Rothsee gepumpt. Er berichtet von einer immer wieder auftretenden Wasserknappheit im Raum Nürnberg und im Knoblauchsland. Aus verschiedenen Stauseen könne der Wasserzufluss dann über Bäche und Flüsse erhöht werden. Selbst kleine, gemütlich dahin mäandrierende Bäche dienten in Deutschland oft zur Regulierung, und das zuständige Wasserwirtschaftsamt wisse sogar über den aktuellen Wassertransport Bescheid. Zudem würden auch geringe Höhenunterschiede zur Energieerzeugung genutzt.

Wir beginnen zu verstehen, dass dies ein hochkomplexes System ist, das gut ausgebildete Flussmeister benötigt, die es über Computersysteme steuern können.

Für uns ist dies alles sehr interessant. Nicht nur, dass uns einmal mehr klar geworden ist, welch wichtiges Gemeingut Wasser ist. Auch ist uns nun bei jedem Bach, an dem wir entlangradeln, bewusst, dass er nicht nur schön ist, sondern auch eine wichtige Funktion erfüllt. Und Herr Weingärtner und seine Kollegen haben das alles im Griff!

Stimmung am Altmühl-Radweg

Herr Bauer erzählt uns eine Anekdote aus seinem Leben.

Als der Traktor streikte

Die alten Sandsteinhäuser Frankens wirken unverwüstlich, allen äußeren Einflüssen trotzend. Trotzdem zieht man ihnen heute oft einen dicken Mantel aus Hartschaum und anderen Dämmmaterialien an, sie bekommen ein »energetisches Update« verpasst.
Das Leben in einem unsanierten Sandsteinbauernhof mag einigen Komfort vermissen lassen. Die alten Menschen, die darin wohnen, kennen jedoch noch ganz andere Zeiten und Geschichten. Einer, der uns an einer Anekdote aus seinem Leben teilhaben lässt, ist Herr Bauer. Als er hört, dass wir aus dem Allgäu kommen, freut er sich, denn die Allgäuer hat er in guter Erinnerung.
Aufgewachsen ist er auf diesem alten Hof. Seine Eltern waren einst die ersten Bauern im Dorf, die sich einen Traktor zulegten. Während des Krieges ging aber so einiges daran

Entspricht nicht der neuesten Wärmeschutzverordnung, ist aber dafür schön.

kaputt. Daher schickte ihn sein Vater 1945 nach Kriegsende los, um Ersatzteile bei der Firma Fendt zu beschaffen, im für damalige Verhältnisse weit entfernten Marktoberdorf im Ostallgäu. Geld war keines da, also gab ihm sein Vater zur Bezahlung der kostbaren Ersatzteile einen großen Sack voller Lebensmittel mit. Der Weg ins Allgäu war äußerst mühsam: Die Bahntrassen waren zerbombt und nur stückweise mit Zügen befahrbar, viele Straßen, Wege und Brücken waren zerstört, es herrschte große Unsicherheit, wie man überhaupt weiterkommt. Immer wieder musste er sich nach neuen Fortbewegungsmitteln umsehen.

Wir spüren: Für den damals 15-Jährigen war diese Reise das erste große Abenteuer. In Marktoberdorf angelangt suchte er mit einem flauen Gefühl im Bauch die Traktorenfabrik auf: »Die werden mich doch auslachen, wenn ich mit einem Sack voller Essen ankomme und dafür teure Ersatzteile will.« Schüchtern trug er sein Anliegen vor. Doch als die Fendt-Ingenieure den Inhalt des Sackes beäugten, ging ein Strahlen über ihre Gesichter. »Geräuchertes, Schnaps und Mehl! Mei, Bua, nimm all's mit, was'd brauchscht!«

Glücklich machte er sich auf den Heimweg. Ein amerikanischer GI las ihn auf und nahm ihn in seinem Jeep nach München mit. »Warum nach München?«, frage ich. Er habe etwas Angst gehabt und sich nicht zu sagen getraut, dass er eigentlich nach Nürnberg müsse ... »A weng Angst hab i g'habt un mer ned sang draut, dass i noch Nürnberch hab müssn.«

Das schöne alte Sandsteinhaus könnte sicher auch von vielen Geschichten berichten.

> »Seit dem Übertreten der ›Güdn-Dach-Grenze‹ erleben wir eine sehr offene und hilfsbereite Haltung uns gegenüber.«

ENDLICH RAUS AUS BAYERN!

Der Wessi zum Ossi

Neugierig radeln wir dem Osten entgegen, und Fragen tauchen in uns auf: Ist die Grenze auch in den Köpfen der Menschen schon verschwunden? Werden wir von Deutschlands Geschichte noch etwas spüren? Welche Spuren hat die Vergangenheit in der Mentalität der Menschen hinterlassen?

Zumindest vom Anschein her tickt hier die Uhr langsamer.

»Güdn Dach!«

In Frankens Nordosten folgen wir dem Jean-Paul-Weg ein Stück und stoßen dann weiter vor ins Fichtelgebirge. Von wegen, vom Allgäu aus geht's nur bergab ... Stetig bergauf schlängeln sich Straßen und Wege. Die dunklen Fichtenwälder und das graue Wetter tragen nicht unbedingt dazu bei, das Fichtelgebirge in bester Erinnerung zu behalten. Und wir wollen endlich raus aus diesem unendlich scheinenden Bayern.
Von Hof ist es nicht mehr weit bis zur bayerisch-thüringischen Grenze. Zwischen Rudolphstein und Sparnberg überqueren wir die Saale. Der Fluss trennte hier lange Zeit nicht nur »Grüß Gott« von »Güdn Dach«, nicht nur Bayern von Thüringen, sondern auch die BRD von der DDR. Obwohl das ein Vierteljahrhundert zurückliegt, ist dies doch eine der wenigen Grenzen innerhalb Deutschlands, die wir überhaupt wahrnehmen. Uns fällt auf, wie anders die Menschen auf uns reagieren. Ob im Gebiet der ehemaligen

Ostalgie? Aufschrift auf einem zerfallenen Bushäuschen.

DDR allgemein mehr Solidarität herrscht, kann ich nicht beurteilen. Für uns ist es jedenfalls angenehm, dass wir hier weniger von oben herab behandelt werden, uns weniger Skepsis entgegengebracht wird, wenn wir z. B. nach Wasser fragen. Auch scheinen die Menschen gesprächiger, wenn wir uns für ihre Geschichten interessieren.
In Sparnberg kommen wir mit einem älteren Herrn ins Gespräch, als wir uns nach dem Weg erkundigen. Er erzählt, welch besondere Lage sein Heimatdorf zu DDR-Zeiten im 500 Meter breiten Grenzstreifen hatte.
Der Weg in die BRD war zunächst durch einen Zaun, später sogar durch eine Mauer und die Grenztruppen versperrt. Für die »Einreise« in den Rest der DDR war ein roter Stempel im Personalausweis erforderlich, und bis spätestens 23 Uhr musste man wieder zurück sein. Auch Verwandte von außerhalb benötigten für einen Besuch in Sparnberg einen Passierschein, Freunden und Bekannten blieb dies ganz verwehrt.
Ganz schön eng erscheint uns das damalige Leben hier. Die Lage in einem Kessel, zwischen Wäldern und der Saale, unterstreicht diesen Eindruck noch.
Andererseits soll es in unserer Heimat auch viele Oberallgäuer geben, die hinter dem 20 Kilometer entfernten Kempten die große, gefährliche Fremde vermuten und sich nur selten über diese imaginäre Grenze wagen ...
Aber es ist eben ein Unterschied, ob man sich Grenzen selbst setzt oder sie buchstäblich vor die Nase gesetzt bekommt.

Ein Arbeitsplatz auf dem Land ist begehrt und gesucht.

» Günther hat so viel zu erzählen, dass wir vereinbaren, am nächsten Abend wieder gemeinsam zu zelten. «

Jäger und Sammler

Fahrräder sind ja schon unglaubliche Packesel. So viel Ausrüstung auf dem Rücken zu tragen, wäre wohl unmöglich. Nach ein paar Wochen räumen wir sämtliche Taschen aus und legen alles geordnet auf den Boden. Was wir bisher nicht gebraucht haben, schicken wir heim oder verschenken es. Eines Tages stelle ich mein Fahrrad samt Anhänger auf eine Lkw-Waage an einer Müllumladestation, ohne Frida, Billy und mich. Der Mann im Waagenhaus sieht auf seinen Bildschirm und meint grinsend: »99,5, nein, genau 100 Kilo!« Gewundert hat mich das nicht, denn angefühlt hat es sich wie eine halbe Tonne ...
Bisher dachten wir, dass wir für Reiseradler eher unterdurchschnittlich ausgerüstet sind. Aber als wir Günther kennenlernen, kommen wir uns doch wie typisch deutsche Ausrüstungsfetischisten vor.
Mit einer Fahrradpanne steht er am Wegesrand. Wir fragen, ob wir helfen können. Ganz gelassen schildert er erst einmal sein Problem: »Is' nur 'n Plattfuß.« – »Hast du Flickzeug?« – »Ja, ja, da drin.« Er zeigt auf ein großes Gepäckstück, das hinter der Holzhütte hervorlugt, vor der wir uns befinden. »Aber die Pumpe hier macht mir Sorgen.« – »Willst du unsre?« Nein, er habe noch eine richtig gute, schwere Standpumpe, irgendwo. Aber für diese kleine hier müsse er auch noch irgendwo ein Ersatzteil haben.
Nun mag man denken, dieses »Irgendwo« kann bei einem Fahrradreisenden ja nicht so schwer zu lokalisieren sein. Als Günther aber beginnt, nach Flickzeug, Ersatzteil und Pumpe zu suchen, verstehen wir sein Problem besser. Er hat nicht nur die vielen Taschen und Plastikbeutel an seinem klapprigen Damenfahrrad: Das große Gepäckstück hinter der Hütte entpuppt sich als riesiger, stählerner Schweizer Postanhänger, hoffnungslos überladen, die Ladung mit Folien und Seilen zugeschnürt. Den habe er in der Schweiz geschenkt bekommen, als er dort bei einem Freund überwintert habe. Seit bald einem Jahr sei er unterwegs und über 10 000 Kilometer geradelt, hauptsächlich durch Deutschland. Er werde überhaupt viel beschenkt von den Menschen, und so habe das irgendwann nicht mehr alles Platz gehabt auf seinem Fahrrad. Der Anhänger sei ihm da sehr gelegen gekommen.
Gegen Abend suchen wir gemeinsam nach einem Lagerplatz. Ich finde ein idyllisches Plätzchen mit niedrigem Gras, am Rande einer großen Lichtung, unter Weiden, direkt am Ufer eines kleinen Baches, allerdings auf der gegenüberliegenden Seite. Für uns ist es kein Problem, den Bach zu durchqueren, selbst Billy verliert nur selten den Bodenkontakt im Wasser. Aber Günther meint: Nee, mit seinem Anhänger gehe das nicht. »Ach doch, wenn wir beide anpacken!«, entgegne ich optimistisch. »Niemals!«, beharrt er. Ich versuche, den Anhänger am hinteren Ende leicht anzuheben. Nichts. Nicht einen Millimeter bringe ich ihn vom Boden weg. Wie angenagelt steht er da. »Ja, ja«, lacht Günther, »sag ich's doch!« Zu zweit schaffen wir es gerade so, den Anhänger vom Weg ab ein Stück ins Ge-

Ein einfaches Damenfahrrad und eine ordentliche Ration Gelassenheit: Damit ist Günther bereits 10 000 Kilometer durch die Lande geradelt.

Austausch mit einem erfahrenen Deutschlandreisenden am Morgen.

büsch zu schieben, um ihn vor neugierigen Blicken zu schützen. Ich frage Günther, wie er das mache, wenn's mal steil bergauf geht. Er erklärt: »Kein Problem: Dafür hab ich immer einen dicken Stock im Gepäck. Ich schieb das Fahrrad samt Anhänger ein paar Meter, dann steck ich den Stock durch die Speichen und ruhe wieder ein Weilchen aus.«

Wir bauen unser Zelt auf, Günther sein Baumarkt-Igluzelt. Es sei nicht ganz wasserdicht. Aber er habe auf seinem Anhänger noch ein großes Armeezelt mit Stahlgestänge. Das sei wasserdicht, und da habe dann auch alles darunter Platz: Fahrrad, Anhänger und Igluzelt.

Günther hat so viel Nettes, Lustiges und Nachdenkliches zu erzählen, dass wir vereinbaren, am nächsten Abend wieder gemeinsam zu zelten. Wir sollen aber schon mal vorausradeln. Er schaffe am Tag nur etwa 30 Kilometer, aber wenn uns das genüge, dann könnten wir ja schon mal einen Lagerplatz suchen. Er rufe uns dann mit seinem Handy an und frage nach dem Weg. Da Günther immer ein Problem mit leeren Akkus hat, schenken wir ihm unser Solarpanel zum Aufladen. Am nächsten Morgen möchte er sich revanchieren und meint, er habe ein Spielzeugauto, ob er das Frida schenken dürfe. Klar, antworten wir. Aber als er es dann herauskramt, entpuppt es sich als ein Metallungetüm von einem halben Meter Länge, das Frida ihren Platz im Anhänger streitig machen würde, sodass wir es leider ablehnen müssen, was Günther natürlich versteht.

Leider verlieren wir uns dann doch aus den Augen, weil Günther zwar mehrmals auf unsere Mailbox spricht, aber keine Nummer hinterlässt. Und seine Rufnummer ist unterdrückt, wird also nicht automatisch angezeigt. Schade, wir hätten gerne noch mehr mit ihm zusammen erlebt. Außerdem hätte ich gerne noch seinen unglaublichen Anhänger fotografiert.

So haben wir ihn leider bis heute nicht wiedergesehen. Wer Günther kennt und einen Kontakt herstellen kann, wende sich doch bitte an uns, wir würden uns sehr freuen!

Flussquerung: Unsere Packtaschen sind wasserdicht, aber sind Billys Beine lang genug?

» Die schönsten Bilder sind oft die, die es nur in meinem Kopf gibt. «

Der Zauber der Mohnblume

Die mit bunten Blumen und wilden Kräutern durchsetzten Streifen an den Rändern unserer Äcker sind in den vergangenen Jahrzehnten mehr und mehr verloren gegangen. In der modernen Landwirtschaft wird jeder Quadratmeter Acker genutzt, um darauf gewinnbringend Anbau zu betreiben. Bei immer größeren Höfen summieren sich auch schmale Randstreifen, auf denen unverkäufliche Wildkräuter wachsen, zu einer beachtlichen Fläche, welche in wirtschaftlicher Hinsicht als »verloren« betrachtet wird. Mittlerweile verbreitet sich aber auch die Erkenntnis, dass dieser Ackersaum nicht nur Heimat für viele Kräuter und Blumen ist, sondern auch Rückzugsort für viele Tierarten, die wiederum hilfreich sein können bei der Bekämpfung von Schädlingen im Ackerbau.

In manchen Teilen Deutschlands gibt es ein Ackerrandstreifenprogramm, das auch von der EU gefördert wird. Die Landwirte sollen auf diesen Streifen auf den Einsatz von Pestiziden und Herbiziden verzichten und erhalten dafür finanzielle Zuwendungen. Das mag vielleicht der Grund dafür sein, dass wir doch noch oft an solch schönen Ackerrändern entlangradeln dürfen. Gerade wenn die Sonne auf die Erde niederbrennt, entwickeln die Kräuter einen feinen Duft, der zum angenehmen Begleiter wird bei einer Reise durch das Land auf Feld-, Wald- und Wiesenwegen.

Nicht nur geruchlich ist mir der Ackersaum zum Freund geworden, auch an den wechselnden Anblicken kann ich mich kaum sattsehen. Immer wieder halte ich an, um die blaue Kornblume im Wind oder den roten Klatschmohn in seiner scheinbaren Zerbrechlichkeit zu fotografieren. Beim gefühlt dreihundertzwanzigsten Versuch, eine Mohnblume perfekt im Gegenlicht zu fotografieren, reißt Manu dann aber doch der Geduldsfaden. Auf meine unterwürfige Ankündigung »Manu, ich tät mal kurz anhalten, da war so eine schöne Mohnblume in so einem schönen Licht, und der Himmel dazu ...!« entgegnet sie entnervt: »Oh nein! Nicht schon wieder, das hast du doch jetzt wirklich schon in allen Varianten fotografiert!? Ich fahr weiter!«

Selbst immer zögerlicher in die Pedale tretend, denke ich still bei mir: »Nein, so hab ich's eigentlich noch nie fotografiert, und wenn ich jetzt nicht anhalte, denke ich die nächsten Kilometer nur darüber nach, wie ich sie hätte fotografieren können, wie das Bild aussehen hätte können, dass das bestimmt das Bild einer Mohnblume geworden wäre, und ob ich jetzt, wo ich schon mehrere Kilometer von der Mohnblume entfernt bin, doch noch umdrehen soll, um sie zu suchen. Aber das würde mir Manu mindestens bis morgen früh verübeln. Andererseits sind meine schönsten Bilder oft die, die es nur in meinem Kopf gibt; die, die ich nicht fotografieren konnte oder wollte, und die nur mir ganz alleine gehören. Aber von denen habe ich in den letzten Tagen ja schon genügend gesammelt. Ich halte doch an!« Bis ich diesen Entschluss gefasst habe, bin ich wirklich schon einen guten Kilometer geradelt.

Für die Augen gibt es Kornblumen und Scheckenfalter zu entdecken, für die Nase den feinen Duft der Kräuter am Wegesrand.

Die dreihunderteinundzwanzigste Mohnblume stellt Manus Geduld auf die Probe.

Aber Manu hat mein Zögern nicht bemerkt und radelt weiter, immer noch genervt von meiner ständigen Fotografierei. Und wenn Manu genervt von mir ist, radelt sie immer besonders schnell. Das scheint irgendwelche verborgenen Kräfte in ihr zu aktivieren, die dann zum Glück nur die Pedale zu spüren bekommen. Der Abstand zwischen uns hat sich schon so vergrößert, dass Manu es nicht bemerkt, als ich kehrtmache und mit der schlafenden Frida im Anhänger zurückfahre.

Die Mohnblume hat tatsächlich auf mich gewartet und steht da, alleine und stolz, von Gräsern und Getreide umringt. Ehrfürchtig dieser Blume und meinem Entschluss gegenüber lege ich mich mit meiner Kamera auf den Boden, jenen vertraut erdig-würzigen Geruch in der Nase. Die Spätnachmittagssonne blitzt durch die im lauen Sommerwind wankenden Halme. Im Ohr habe ich das Summen und Surren lästiger Fliegen, die es auf meinen Schweiß abgesehen haben. Eigentlich möchte ich schnell machen, aber dann kommt nach und nach doch ein Drittel meiner gesamten Fotoausrüstung einmal zum Einsatz, bis ich die richtige Kombination gefunden habe. Als alles wieder verstaut ist und ich mich von der Blume verabschieden kann, ist mir klar: Das ist ein ganz besonderes Bild geworden, aber Manu ist jetzt sicherlich über alle Berge. Und so ist es auch. Eine halbe Stunde lang versuche ich, ihr mit ganzer Kraft nachzuradeln, dann gestehe ich mir ein: Wir haben uns verloren, vermutlich habe ich mich an einer Weggabelung anders entschieden als sie. Erst nach vielen Irrwegen finden wir uns wieder. Ich bin glücklich, das Mohnblumenbild gemacht zu haben, und Manu ist sauer, aber auch erleichtert, den Fotografen der dreihunderteinundzwanzigsten Mohnblume wieder an der Backe zu haben.

Ob das Bild wirklich so toll geworden ist? Für mich persönlich hat es ganz besonderen Wert. Es versetzt mich in einen Moment auf einer wunderbaren Reise mit wunderbaren Menschen zurück, in dem ich die Fotografie regelrecht zelebriert habe.

» Ob wir aus der Vergangenheit lernen, wird uns die Zukunft zeigen. «

Der Fall Bischofferode

Der Begriff »Treuhand« fällt immer wieder, meist in der Art: »Das hat damals die Treuhand gemacht ...« Ja, was hat sie denn gemacht, die Treuhand? Ihre Aufgabe war es, die volkseigenen Betriebe der DDR zu privatisieren oder notfalls stillzulegen, wenn unsere Marktwirtschaft dies forderte. In der Praxis lief das dann wohl oft anders ab, als wir »Normalbürger« aus dem Westen es uns vorstellten. Bei den Menschen, Arbeitern und Ingenieuren vor Ort gab es zunächst große Hoffnungen: »Endlich ein Investor aus dem Westen, der bringt unseren Betrieb wieder so richtig auf Vordermann; endlich die längst fälligen Investitionen in moderne Technik; endlich schließen wir auf zum West-Niveau.« Doch in vielen Fällen folgte Ernüchterung: »Der interessiert sich gar nicht für uns und unsere Produkte; der investiert gar nichts in neue Technik; der stellt nur Leute aus; jetzt sagt er, wir seien nicht rentabel und macht den Laden dicht.« Know-how und die Technik vieler Betriebe wurden dann oft nach Osteuropa verkauft, wo das Ganze teilweise bis heute funktioniert.

Von einem besonders dreisten Fall wird uns aus Bischofferode berichtet, weshalb wir extra einen Abstecher dorthin machen. Bischofferode ist oder war für den Kalibergbau bekannt. Heute findet man dort lediglich noch ein kleines Bergbaumuseum vor.

Herr Hotze führt uns durch das Bergbaumuseum. Ohne Erfolg wurde für den Erhalt des Kalibergbaus gekämpft.

Heute stehen die Räder still im Kalibergbau Bischofferode.

Herr Hotze, ein ehemaliger Bergmann, gibt Führungen durch das Museum und erzählt dabei anschaulich vom »Fall Bischofferode«:
Das Salzmineral Kali werde hauptsächlich zur Herstellung von Düngemitteln verwendet. Das Kali aus Bischofferode sei von hoher Reinheit, weshalb es in der ganzen Welt begehrt gewesen sei. Auch die BRD habe über Umwege das Bischofferoder Kali bezogen. Der größte Kaliverarbeiter im Westen sei die BASF gewesen mit ihrer Tochterfirma, der Kali & Salz AG. Da sei es absehbar gewesen, dass sich die BASF nach der Wende den Kalibergbau in Bischofferode unter den Nagel riss. Seltsam sei nur, dass das Werk dann bald geschlossen wurde, mit der Begründung mangelnder Auslastung und hoher Verluste. Dafür habe BASF über eine Milliarde D-Mark Verlustausgleich kassiert und zudem die Ausschaltung unliebsamer Konkurrenz erreicht. Nach Bekanntwerden der Schließungsabsichten sei es monatelang zu Protestaktionen, Demonstrationen und sogar zu Hungerstreiks gekommen. Noch heute werde vom »härtesten Arbeitskampf« gesprochen, an dem sich viele Tausend Sympathisanten beteiligt hätten – vergeblich. Die Polizei habe Zivilpolizisten als Provokateure unter die Demonstranten geschleust, um diesen ein radikales und aggressives Image zu verpassen. Politik und Gewerkschaften hätten den Bergmännern keine Unterstützung gewährt, sodass schließlich alle Bemühungen erfolglos blieben.
Heute ist das kleine Bergbaumuseum mehr ein Mahnmal als nur ein Museum. Es steht beispielhaft für das Schicksal vieler ehemaliger DDR-Staatsbetriebe und deren Angestellten. Weitere bekannte Fälle sind zum Beispiel der Verkauf des Kombinats Schiffbau, die Auflösung der Fluggesellschaft Interflug oder die Schmiergeldaffäre um die Privatisierung der Leunawerke. Unser derzeitiges Wirtschaftssystem hat bestimmt viele gute Seiten, macht aber leider auch manches kaputt, was eigentlich funktionieren könnte. Ob wir aus der Vergangenheit lernen, wird uns die Zukunft zeigen.

Schicht im Schacht –
nicht nur für heute Nacht

Bunt oder braun? Die Fassade bröckelt.

Die Angst vor dem Fremden

Wenn wir vor unserer Reise erzählt haben, dass uns der Osten unseres Landes sehr interessiert und wir dort radeln wollen, wurde ich immer wieder mal gefragt, ob ich nicht Angst hätte, mich als »langhaariger Zottel« dort herumzutreiben. Wir wussten nie, wie ernst diese Frage gemeint war und ob es ein Vorurteil ist, dass es im Osten so viel Rechtsextremismus gibt. Wie bereits erwähnt erleben wir seit dem Übertreten der »Güdn-Dach-Grenze« eine sehr offene und hilfsbereite Haltung uns gegenüber. Anzeichen von Rechtsextremismus sehen wir in Städten aber in Form von Plakaten für Konzerte von rechten Bands sowie Aufklebern mit politischen Parolen und Symbolen an Laternenmasten und auf Autos. Gegen wen richtet sich dieser Hass? In vielen Regionen sehen wir kaum ausländisch aussehende Gesichter, wenig internationale Restaurants, zu DDR-Zeiten gab es hier nicht viele Einwanderer.
Wir erkennen Parallelen zu bestimmten Regionen im Allgäu. In Dörfern, in denen die Menschen kaum Kontakt zu Migranten haben, äußern sie sich oft besonders ausländerfeindlich. Je enger der Kontakt in der Schule, am Arbeitsplatz oder im Wohnumfeld ist, desto seltener sind extreme Ansichten und Vorurteile. Es ist wohl die Angst vor dem Fremden, dem Unbekannten. So idyllisch die Landschaft und die Dörfer auf uns wirken, durchgängig erfahren wir, dass es ganz schwierig ist für junge Menschen, hier Perspektiven aufzubauen und beruflich Fuß zu fassen. Ein fruchtbarer Nährboden, um den Keim der Angst und des Hasses aufblühen zu lassen.

Sachsen-Anhalt hat historische Sehenswürdigkeiten wie das Schloss Oranienbaum zu bieten.

» Wir radeln durch blühende Landschaften, durch eine ländliche Idylle entlang der Saale. «

Blühende Landschaften

Auch wenn es nicht jene sind, die uns Helmut Kohl versprochen hat: Wir radeln durch blühende Landschaften, durch eine ländliche Idylle entlang der Saale, einem wunderbaren Fluss für Wanderer aller Art, ob zu Fuß, mit dem Fahrrad oder mit dem Boot. Auch die Dörfer abseits der Saale wirken auf uns sehr gemütlich: urige Häuser, die Straßen oft noch aus altem Kopfsteinpflaster und kleine Plätze mit Schwengelpumpe am Dorfbrunnen. Doch was für uns Durchreisende malerisch wirkt, ist für die Menschen in den Dörfern häufig eine Last. Die Häuser sind alt, Geld für nötige Renovierungen ist keines da. Das Kopfsteinpflaster weist unzählige Schlaglöcher auf, und ist ein Ärgernis für viele Bewohner, weil es einen Höllenlärm macht, wenn Autos darüber hinwegbrausen.

Von der Saale aus hangeln wir uns weiter zur weißen Elster, die uns nach Leipzig führen soll. Saale und Elster sind wunderschöne, naturnahe Flüsse. In der Elsteraue mäandriert die Elster sogar noch richtig schön vor sich hin.

Innerhalb kurzer Zeit führt uns der Weg durch drei Bundesländer. Durch Thüringen und Sachsen-Anhalt nach Sachsen. Unterwegs rollen wir an vielen leer stehenden Fabrikgebäuden vorbei. Ich finde solche alten, halb verfallenen Zeugnisse einer anderen Zeit ja genau so interessant wie etwa ein altes Burggemäuer. Die von Unkraut überwucher-

Teilweise mäandriert die Elster noch schön durch die Elsterauen. Kurz vor Leipzig ist der ganze Fluss mit der kleinen Wasserlinse bedeckt, im Volksmund heißt sie »Entengrütze«.

Hügellandschaft mit Wiesen und Wäldern: herrliche Aussichten in Sachsen

ten Betonbauten und überhaupt die allmähliche Rückeroberung der vom Menschen in Beschlag genommenen Flächen durch die Natur wirken auf mich irgendwie versöhnlich.
Eines Abends erzählt uns ein älterer Herr, dass er sich dem benachbarten Fabrikgelände bei Draschwitz angenommen habe, dort den Rasen mähe und das Unkraut jäte. Es sei ja sonst ein Schandfleck. Früher habe er wie viele andere dort gearbeitet. Aber dann sei die Wende gekommen, und die Treuhand habe den Betrieb verhökert. Wie so vieles nach der Wende einfach verhökert worden sei, obwohl man eigentlich noch etwas hätte damit anfangen können. Auch auf die Elsteraue habe es ein westdeutsches Bauunternehmen abgesehen gehabt. Er meine sogar, das Unternehmen sei aus Bayern gewesen. Es gebe dort ein großes Kiesvorkommen, das leicht abzubauen sei. Das sei zu DDR-Zeiten auch schon bekannt gewesen, aber trotz des finanziellen Ruins habe selbst die DDR-Führung davor zurückgeschreckt, diesen Frevel an der Natur zu begehen. Der Wessi-Unternehmer dagegen habe keine Skrupel gehabt, den Kies rauszuholen und die Auenlandschaft zu zerstören. Gehindert hätten ihn dann aber die Bürger, viele hätten aufbegehrt. Sich gegen einen vermeintlich stärkeren Gegner durchzusetzen, hätten sie ja mittlerweile gelernt, fügt er schmunzelnd hinzu.
Er und viele andere klagen über den Mangel an Arbeitsplätzen in der Gegend. Auf den Feldern sehen wir zwar viele Arbeiter bei der Erdbeerernte. Doch von ihnen kommen fast alle aus Polen und anderen osteuropäischen Ländern, weil man von den Löhnen, die Erntehelfern hier bezahlt werden, in Deutschland kaum würdevoll leben könnte.
Nach vielen schönen visuellen Eindrücken und interessanten Gesprächen am Wegesrand führt uns die Elster direkt hinein ins grüne Herz Leipzigs. Nach unseren Erlebnissen der letzten Tage und der beschaulichen Atmosphäre auf dem Land und in den Dörfern wirkt die Stadt auf uns wie eine Insel des Wachstums, der Moderne und des Aufschwungs.

MEHR ALS NUR RUMGEGURKE

Über den Spreewald nach Berlin

»Wir mieten uns ein Kanu und paddeln einen Tag lang durch das satte Grün.«

Der Spreewald bietet uns nochmals Ruhe vor dem Sturm des Großstadtlebens von Berlin.
Wieder führt uns ein Fluss aus grüner Natur mitten hinein ins pulsierende Herz einer Stadt.

Der Herr der Puttchen schreitet sein Revier ab, um zu sehen, ob von uns Gefahr ausgeht.

Putt, putt, Puttchen

Bevor wir Landeier ins Großstadtleben Berlins eintauchen, gibt's noch eine ordentliche Portion Landleben pur. Wir machen einen Schlenker durch den Spreewald und gurken dort auf kleinen Fahrradwegen durch das Biosphärenreservat entlang der Spree mit ihren unzähligen Armen, durch lichte, grüne Mischwälder und vorbei an großen Fischweihern und sumpfigen Auen. Wir mieten uns ein Kanu und paddeln einen Tag lang durch das satte Grün. Mit dem Fahrrad hat man ja schon oft das Gefühl, mitten in der Pampa am Rande der Zivilisation zu sein. Aber auf so einem Boot fühlt man sich komplett draußen: nur das leise Plätschern der Paddel im Ohr, dicht bewachsene Ufer und meist ein Blätterhimmel über sich, die einzigen Weggefährten sind Enten und Schwäne, die lautlos dahingleiten. Beeindruckend ist sie, diese uralte Kulturlandschaft mit ihren vielen Fließgewässern mit manuellen Schleusen, welche früher von den Fischern bedient wurden, die hier

Oder ist er einfach nur neugierig? Darin stehen die Herren den Damen auch bei den Hühnern in nichts nach.

vom Fischfang lebten. Aber es wurde und wird auch Landwirtschaft betrieben, bekannt ist die Gegend vor allem für die Spreewaldgurke.
Viel wichtiger für die Region ist mittlerweile der Tourismus. Die Landwirtschaft tritt mehr und mehr in den Hintergrund und erfüllt, wie vielerorts, zunehmend nur noch einen landschaftspflegerischen Aspekt. Zwei Nächte zelten wir mit Erlaubnis der freundlichen Landwirtin, die hier von Zeit zu Zeit Zeltplätze vermietet, im Hinterhof eines schönen, alten Backsteinbauernhauses, und Frida entdeckt ihre Leidenschaft für Puttchen, wie die Hennen hier genannt werden. Wenn der Gockel mit seinen Damen im Anmarsch ist, winkt Frida selbst mit ihren Armen wie ein aufgescheuchtes Huhn.

Vom Kanu aus wirkt der Spreewald noch abgeschiedener. Zu hören ist nur das Plätschern der Paddel.

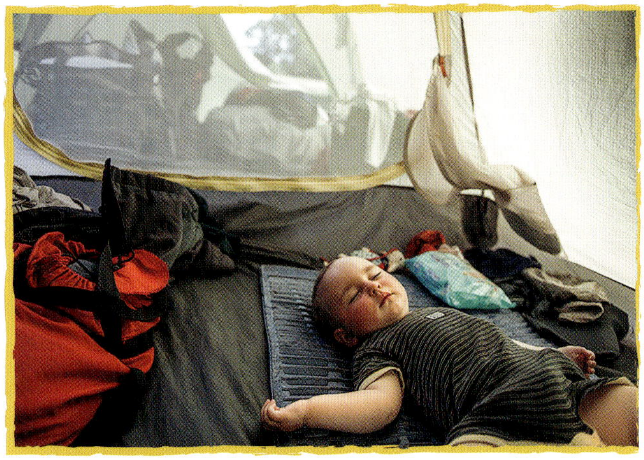

Wenn Frida schläft, dann schläft sie, auch bei Gewitter.

Gewitter überm Puttchenland

Eines Nachts überrascht uns ein heftiges Unwetter im Zelt. Interessanterweise lassen die ohrenbetäubenden Donnerschläge Frida selig weiterschlafen. Erst eine schrille Sirene, die direkt über uns ertönt, reißt uns alle hoch, und Frida übertönt sogar die Sirene mit ihrem Schreien. Endlich ist sie beruhigt und wieder gemütlich eingemummelt. Doch kaum fallen wir alle erschöpft in den wohlverdienten Schlaf, da heult die Sirene schon wieder schrill auf. Diesmal ist nichts mehr zu machen. Frida lässt sich nicht mehr beruhigen, und so treten wir zu nächtlicher Stunde noch einen Spaziergang an. Als wir hundemüde zurückkommen und der dritte Versuch, Frida zum Einschlafen zu bringen, gerade Erfolg zu haben scheint, kommen wir uns schon vor wie in einem schlechten Klamauk-Film: Wieder ertönt die Sirene! Aber der Mensch ist ein Gewohnheitstier: Frida schnarcht unbeirrt vor sich hin, vielleicht träumt sie von Musik aus einer Spieluhr, die sich wie eine Feuerwehrsirene anhört.
Durchs satte Grün geht's weiter, bis wir zu einer Straße mit dem romantischen Namen Müggelschlößchenweg kommen. Als das Grün weicht und wir aufblicken, sehen wir die »Muggelschlösschen« über uns aufragen: riesige Plattenbauten. Da wissen wir: Jetzt sind wir in Berlin.

EUROHYPO
HumboldtBox

» Genau das macht diese Stadt wohl so speziell: Sie ist grün, sie ist grau, sie ist laut, sie ist gemütlich, sie ist konservativ, sie ist modern. «

HIP, LAUT UND INTERNATIONAL

Tage in Berlin

Wir wagen uns hinein ins Großstadtgetümmel. Mit dem Rad ist das zwar immer etwas anstrengend, aber Berlin ist zumindest zum Teil eine Fahrradstadt.

Sommer, Sonne, Eis essen: entspannte Atmosphäre auf sattem Grün.

Wir schnuppern Berliner Luft

Große Städte sind auf einer Fahrradreise immer eine spe zielle Herausforderung. Für uns gibt es mehrere Strate gien, eine Großstadt in Angriff zu nehmen. Entweder wir fahren noch am Vorabend bis nahe an die Stadtgrenzen heran, kampieren dort und nehmen uns frühmorgens die Stadt und ihre Durchquerung vor. Oder wir wagen uns noch am Nachmittag in die Stadt hinein und suchen uns dort eine Unterkunft. Manchmal kontaktieren wir auch schon im Vorfeld via Internet sogenannte »Couchsurfer«, die uns für ein oder zwei Nächte das Sofa in ihrer Wohnung zur Verfügung stellen. Wenn wir eine Großstadt noch am Nachmittag durchqueren wollten, endete das meist damit, dass wir uns zum Schluss in der Dunkelheit durch das Großstadtchaos kämpfen und dann völlig erschöpft mit einem miserablen Zeltplatz irgendwo am Straßenrand in der Peripherie vorlieb nehmen mussten.
In Berlin haben wir das Glück, dass uns Freunde gleich für eine ganze Woche ihre Wohnung in Prenzlauer Berg überlassen. Dass Berlin zu den hippsten Städten Deutschlands gezählt wird, ist mittlerweile selbst bis zu uns vorgedrungen. Auch der gemeine Allgäuer scheint lieber in Berlin zu studieren als im teuren und »gschleckten« München. Aber wo ist eigentlich »das« Berlin? In Prenzlauer Berg, in Friedrichshain, in Kreuzberg, in Neukölln? Nicht mal in Mitte scheint es »das Zentrum« zu geben. Genau das macht diese Stadt wohl so speziell: Sie ist nicht auf ein Zentrum, ein Gesicht, einen Stil zu reduzieren. Sie ist grün, sie ist grau, sie ist laut, sie ist gemütlich, sie ist konservativ, sie ist modern. Viele Trends, Strömungen und Ideen werden in Berlin geboren oder fassen in Berlin zum ersten Mal Fuß in Deutschland. Es kann passieren, dass ein Getränk, das jahrzehntelang ein relativ bescheidenes regionales Dasein irgendwo in einem deutschen Getränkemarkt geführt hat, plötzlich in Berlin »entdeckt« wird und von hier aus seinen Siegeszug als In-Getränk durch die ganze Nation antritt.

»In Berlin kannst du nackt über die Straße laufen und keiner schaut sich nach dir um.«

Stadtteile wie Kreuzberg oder Prenzlauer Berg waren einst Zufluchtsorte für Hausbesetzer, Punks und Künstler. An wenigen Orten bekommt man den Begriff »Gentrifizierung« anschaulicher vorgeführt als in Prenzlauer Berg: Ehemals besetzte Häuser werden schön und teuer saniert, und einstige »arme« Studenten, heute die neuen Gutverdiener, beziehen die schicken Wohnungen.

Dem besonderen Charme Berlins im Sommer können auch wir uns nicht entziehen. Überall sitzen und liegen Menschen, genießen das Wetter und das Leben, hören oder machen Musik oder schauen sich am Sonntag das schon legendär gewordene Fahrrad-Karaoke im Mauerpark an. An jeder Ecke bekommt man internationales Fast Food. Sogar die vegane Küche ist hier schon zu einem Geschäftsmodell geworden.

Mit großen Augen staunen wir Landeier über all das, was für die hier Lebenden schon lange Normalität ist. Eine Seltenheit scheinen allerdings inzwischen »echte« Berliner mit Berliner Schnauze zu sein. Wenn wir uns wieder einmal ordentlich verfahren haben und nach dem Weg fragen, erleben wir auch den Unmut der Berliner. Es sind so viele Touristen in dieser Stadt, dass ständig jemand um Auskünfte bittet.

Ich muss daran denken, wie wir uns als Kinder einen Spaß daraus gemacht haben, in unserem Dorf Touristen, die uns aus dem Auto heraus nach dem Weg fragten, eine Route zu beschreiben, die sie im Kreis herumführte. Wir warteten dann hinter einer Hecke und freuten uns diebisch, wenn sie wieder an uns vorbeifuhren. Jetzt hoffe ich, dass sich meine damalige Bosheit nicht an uns rächt!

Schmökern, kommunizieren, fotografieren oder Trinkspielchen vor dem Reichstag: Freizeitspaß, wo andere arbeiten.

Der 19-jährige Yousou aus Mauretanien lebt in einer besetzten Schule.

Berlin ist bunt

Rund um den U-Bahnhof Neukölln scheint alles fest in türkischer Hand. Sogar die Apotheke heißt hier türkisch »eczane«. Für uns ist das alles andere als befremdlich, im Gegenteil: Wir streifen durch dieses Viertel und fühlen uns erinnert an eine andere Fahrradreise, auf der wir das märchenhafte Istanbul und das moderne Ankara besucht haben. Teetrinkende Männer spielen Okey an Resopal-Tischchen in Eckkneipen, kopfbetuchte Mütter tauschen am Gemüsestand Neuigkeiten aus. Wie schön – und das im eigenen Land! Und hier sprechen wir sogar dieselbe Sprache, unsere paar Brocken Türkisch dienen nur zur Belustigung der hier Anwesenden, für die Verständigung sind sie nicht wirklich notwendig.
Natürlich gibt es in einer solchen Großstadt Probleme an Stellen, wo viele verschiedene Interessen aufeinanderprallen. So wollen die einen ein kinderfreundliches Stadtviertel mit vielen Spielplätzen und Bioläden, die anderen werben

Er hofft, arbeiten zu dürfen, um seine Familie in der Heimat zu unterstützen.

für ihr Café mit »kinderfreie Zone« und haben reichlich Zulauf. Für uns Beobachter aus den Bergen ist das Ganze ein amüsantes Schauspiel. Diese ständig pulsierende Wichtigkeit, die doch oft nur wenig auszusagen vermag. »In Berlin kannst du nackt über die Straße laufen und keiner schaut sich nach dir um«, wird uns hier erzählt. Und doch lauert an fast jeder Ecke eine Kleinigkeit menschlichen Tuns, die bescheiden um Aufmerksamkeit bittet. Graffiti, Sprüche, Straßenkunst und Musik machen »Street-Fotografie« zu einer Freude in perfekter Kulisse. Die Menschen selbst sind aber erstaunlicherweise – wie in ganz Deutschland – sehr fotoscheu. Nicht einmal in muslimischen Ländern wurde ich so oft abgewiesen wie in Deutschland, wenn ich um Erlaubnis fragte, eine Person abzulichten. Die Angst, dass ihr Foto danach in falschem Kontext auf Facebook oder Ähnlichem landet, ist sehr häufig die Begründung.
Ganz andere Ängste hatte Yousou bei seiner Flucht über das Mittelmeer von Afrika nach Europa auf einem kleinen, hoffnungslos überfüllten Boot. Wir lernen ihn in einer von Flüchtlingen besetzten Schule in Berlin kennen. Er stammt aus einem Dorf bei Nuakschott, der Hauptstadt Mauretaniens. Seit vielen Generationen lebt seine Familie vom Fischfang. Jetzt fischen europäische Trawler das Meer vor seiner Heimatküste leer, und für ihn und seine Familie geht die Lebensgrundlage verloren. So machte er sich auf den Weg ins gelobte Europa und hofft darauf, hier arbeiten zu dürfen.

Berlin hat knapp dreieinhalb Millionen Einwohner, darunter ca. 450 000 mit ausländischem Pass.

Farbtupfer in unserem oft so grauen Deutschland: Vater und Sohn auf Plakatiertour durch Berlin und die israelische Band Sparxis vor einem Rest Berliner Mauer.

O.K
O.K
MAX
EVA
Perm ON TOUR
VITTORIO
AKA KONY
Molly
KEEP
CALM
AND
SHIP
EMMARINE

Die Oberbaumbrücke zwischen Kreuzberg und Friedrichshain wird nächtens zum Konzertplatz.

Mitten in der Nacht versammelt sich auf der Oberbaumbrücke eine Handvoll Musiker zum Spontankonzert.

Sound der Straße

In unserem Reisegepäck befindet sich auch ein Tonaufnahmegerät. Da wir mit unseren Bildern und Geschichten auf Tour gehen, um sie in Form von Live-Fotoreportagen auf Großleinwand zu zeigen, benötigen wir immer auch Musik zum Vortrag, also einen »Soundtrack«. Wir könnten ganz einfach passende Werke im Internet suchen oder eine CD verwenden. Aber vor einigen Jahren sind wir auf die Idee gekommen, die Musik genau wie die Bilder direkt vor Ort selbst aufzunehmen. Auch wenn wir die Aufnahmen meist nur mit zwei Mikrofonen machen, sind so schon viele schöne, skurrile und witzige Tondokumente aus aller Welt zusammengekommen.

Auch auf unserer Deutschlandreise wollen wir dieser Idee treu bleiben. Musik finden wir hauptsächlich auf den Straßen und in den Fußgängerzonen des Landes. Aber auch bei anderen Gelegenheiten horchen wir auf, wenn irgendwo interessante Klänge aus Hinterhöfen oder Wohnzimmern zu uns dringen. Auffallend ist, wie hoch das Niveau der StraßenmusikerInnen in Deutschland ist. Viele von ihnen haben Musik studiert oder sind jedenfalls professionelle Musiker, die sich ihren Lebensunterhalt mit Musik verdienen, und das nicht nur auf der Straße.

Typisch deutsch: In den meisten Städten benötigen die Musiker eine Genehmigung und bekommen genaue Auflagen. In Berlin wird den Musikern auf den Meter genau vorgeschrieben, wo sie spielen dürfen. Ist dort die Akustik schlecht und der Musikant geht deshalb an eine andere Stelle, bewegt er sich eigentlich schon wieder auf unerlaubtem Terrain. An manchen Plätzen wird das sogar kontrolliert.

Schattenspiele am Frankfurter Tor im Ortsteil Friedrichshain.

Berlin bietet Menschen aus der ganzen Welt eine Heimat: Akkordeonspielern aus Russland genauso wie Gemüsehändlern aus der Türkei.

Leben und leben lassen: Stadtteile wie Neukölln sind international.

Über 25 000 Besucher täglich verzeichnet der Berlin-Tourismus durchschnittlich.

» Vor uns breitet sich in aller Stille ein Farbenspektakel aus. «

WILDCAMP-VERBOT MIT FOLGEN

Die Mecklenburgische Seenplatte

Ein Försterehepaar weist uns darauf hin, dass in Mecklenburg striktes Wildcamp-Verbot gilt. Unsere Zeltplatzsuche gestaltet sich äußerst amüsant.

Die Seele baumeln lassen an einem der zahlreichen Seen der Mecklenburgischen Seenplatte.

Werkstatt-Camp

Am Hohenzollernkanal verlassen wir die Stadt und strampeln lange durch den Brandenburger »Speckgürtel« Berlins, vorbei an Wohn- und Gewerbegebieten und über einige Autobahnen hinweg, bis wir schließlich über Oranienburg wieder richtig aufs Land hinauskommen. So bunt und reizvoll Berlin auf uns auch gewirkt hat: Mit jedem zurückgelegten Kilometer merken wir mehr, wie gut uns das ruhige Landschaftsbild tut, das langsam an uns vorbeizieht und uns in all seiner Frische und Freiheit aufnimmt. Wir können es kaum fassen, wie wunderschön und scheinbar unberührt diese Gegend ist. Bald schon gelangen wir an die ersten Seen der Mecklenburgischen Seenplatte, und vor uns breitet sich in aller Stille ein Farbenspektakel aus.
Normalerweise ist es für uns inmitten einer so naturbelassenen Landschaft nie ein Problem, ein Schlafplätzchen zu finden. Aber da es in Mecklenburg nicht erlaubt ist, wild zu zelten, gestaltet sich die Suche etwas aufwendiger. An einem Abend stoßen wir durch Zufall auf eine Werkstatt, die sich auf alte Mercedes-Busse spezialisiert hat und gerade heute einen »Tag der offenen Tür« veranstaltet. Hier dürfen wir zwischen den freundlichen Bus-Freaks mit ihren alten, ausgebauten Kisten unser Zelt aufstellen und kommen sogar noch in den Genuss von Lamm und Wildschwein am Spieß.

Oft führt unser Weg durch solche wunderschönen, einsamen Alleen.

» Most erzählt uns die schier unglaubliche Geschichte seiner halsbrecherischen Flucht. «

Flucht aus der DDR

Der riesige Hof zwischen den alten Werkstatthallen ist größtenteils mit Betonplatten bedeckt, durch deren Ritzen das Gras wächst. Die letzte Abendsonne scheint flach über die vielen bunten Busse hinweg, und in der Luft liegt der Duft von auf dem Spieß gebratenem Schwein und Lamm. Auch ein Fass Bier wird angezapft, und so gibt es zahlreiche Gründe, sich über diesen lauen Sommerabend zu freuen.

Am Feuer sitzend erzählt uns ein Herr mit dem Spitznamen »Most« die schier unglaubliche Geschichte seiner halsbrecherischen Flucht aus der DDR im Jahr 1989: Lange zuvor hatte er sein Erspartes gut angelegt in Levis-Jeans, West-Zigaretten und eine Schallplattensammlung. Diese Reichtümer verkaufte er zur Vorbereitung seiner Flucht, und mit dem Erlös und einem Urlaubsvisum reiste er nach Ungarn. Der Freund, der ihn begleitete, wusste zunächst nichts von Mosts Fluchtplan, hatte aber einen schnellen Wartburg mit aufgemotztem Motor.

In Ungarn gefiel es den beiden Freunden gut, sie hatten ja auch genug Geld dabei und ließen es sich gut gehen. So waren dann irgendwann ihre Visa abgelaufen, ohne dass ihnen das aber größere Sorgen gemacht hätte. Vor einer nächtlichen Polizeikontrolle in Ungarn, so erzählt uns Most, seien sie dann aber geflüchtet, und es habe sich als

Wir übernachten auf einem Werkstatthof und lernen Most kennen.

Kleinod auf dem Lande: Wo bitte ist das Deutsche Spießbürgertum?

vorteilhaft erwiesen, dass der Wartburg so schnell und der Freund ein Amateur-Rennfahrer war. Die Polizei konnten sie abhängen, aber spätestens jetzt befand sich auch Mosts Freund auf der Flucht. Ihre Wege trennten sich jedoch bald, denn Most wollte weiter über die grüne Grenze nach Bulgarien, wo er eine westdeutsche Mittelsfrau traf, die ihm seine Ostmark in D-Mark umtauschte.
Auf dem Rückweg nach Ungarn ließ er sich Zeit, und erst als sich sein Erspartes langsam dem Ende zuzuneigen begann, trat er den Weg über die grüne Grenze nach Österreich an. Ein bezahlter Schleuser brachte ihn in die Nähe der Grenze, und in der Nacht schlug sich Most zu Fuß durch ein Sumpfgebiet in Richtung Österreich. Im Sumpf verlor er einen Schuh, und in der Morgendämmerung kam er an eine Straße, natürlich von oben bis unten voller Schlamm. Inständig hoffte er, nun wirklich in Österreich zu sein. Als er eine Telefonzelle erreichte und diese anders aussah als jene in Ungarn, wusste er schließlich, dass er es tatsächlich geschafft hatte: Er war im Westen!

In seinem Freudentaumel stürmte Most zum nächsten Gasthaus, um sich von dem bisschen Geld, das ihm geblieben war, zur Feier des Tages ein Bier zu gönnen. Immer noch völlig verdreckt und mit nur einem Schuh ging er in das Wirtshaus hinein und erzählte dort strahlend vom Gelingen seiner heldenhaften Flucht aus der DDR. Die Wirtsleute sahen ihn gelangweilt und wegen seines heruntergekommenen Aussehens etwas angewidert an und sagten: »Die Grenz is' doch offen, die kommen doch jetzt schon längst alle mit ihren Trabis hier rüber! Ham's das nicht mitbekommen?« Fassungslos sei er gewesen, erzählt Most. Und der Schleuser musste sich ob seiner Unwissenheit wohl einfach ins Fäustchen gelacht haben, als er fleißig abkassierte.
So toll wie erwartet fand's Most übrigens dann aber im Westen doch nicht. Er versuchte sein Glück zwar eine Weile lang in Westdeutschland, aber richtig froh ist er dort nie geworden. Heute lebt er hier in Mecklenburg-Vorpommern.

Auf einer Fahrradreise ist man auf die Hilfe der Menschen angewiesen.

Deutsche Gastfreundschaft

Im Großen und Ganzen unterscheiden sich Fahrradreisen durch Deutschland nicht allzu sehr von Radreisen durch andere Länder Europas. Auch hierzulande sind die Menschen sehr hilfsbereit und gastfreundlich. Die Redewendung »Wie man in den Wald hineinruft, so schallt es heraus« birgt dabei – wie wohl auf der ganzen Welt – den Schlüssel. Auch in Deutschland wird fast immer geholfen, wenn man höflich um Hilfe bittet. Als Radreisende fragen wir meist nach Trinkwasser für unsere vielen Vorratsflaschen oder nach einem geeigneten Lagerplatz für eine Nacht.

Oft hört man von Menschen, die durch ferne Länder gereist sind, Sätze wie »Die sind ja unglaublich gastfreundlich dort, das würde einem in Deutschland nie passieren«. Wir können das so nicht bestätigen. Auch in Deutschland

Tür und Tor bleiben uns auch in Deutschland nicht verschlossen.

bleibt es oft nicht bei einem Wasser, wenn man danach fragt. Häufig werden wir gleich noch zu Kaffee, Tee, Saft oder eben dem, was gerade da ist, eingeladen.
Der kleine Unterschied ist vielleicht, dass uns der Kaffee in Deutschland auf die Straße herausgebracht wird, während wir in vielen anderen Ländern meist ins Haus hereingebeten wurden. Das möchte ich gar nicht werten, es ist einfach unsere Art, Gastfreundschaft zu gewähren. Wir Deutschen ziehen eben die Grenze unserer Privatsphäre in einem größeren Radius um uns herum, und es gehört viel Vertrauen dazu, unser Heim zu öffnen. Interessanterweise findet das weltweit beliebte »Couchsurfing« auch in Deutschland großen Anklang. Menschen öffnen ihre Türen und lassen Wildfremde für eine oder mehrere Nächte auf ihrem Sofa übernachten. Die »Couchsurfer« fühlen sich als eine große Gemeinschaft. Vielleicht hilft das dabei, es als Selbstverständlichkeit zu sehen, andere Menschen einzuladen, mit ihnen zu kochen, sich zu unterhalten. Diese Erfahrung auch in Deutschland zu machen, ist für uns sehr wertvoll und lässt uns unsere Gesellschaft noch mal mit anderen Augen sehen: Unter der Oberfläche der täglichen Hetze liegt viel Freundlichkeit und Hilfsbereitschaft verborgen, und die richtigen Umstände bringen sie zum Vorschein. So bietet uns ein junger Student die Couch in seinem Zimmer an. Als er sieht, dass wir mit Kind und Hund ankommen, quartiert er sich für die Nacht bei einem Freund ein, damit wir in Ruhe die Decke überm Kopf genießen können.

Unser Land ist nicht nur schön, es leben auch nette und hilfsbereite Menschen hier.

IHR BLEIBT IN UNSEREN HERZEN
autonome Lesben

Nur noch bruchstückhaft lässt sich erahnen, was hier Schreckliches geschehen ist.

Das fast vergessene Mädchen-KZ

Gerade als wir beschlossen haben, dass dies jetzt aber wirklich die schönste Gegend ist, durch die wir bisher geradelt sind, bemerken wir ein kleines, unscheinbares Schild am Wegesrand. Es weist auf die Gedenkstätte eines Konzentrationslagers hin.

Das Mädchen-KZ Uckermark ist fast in Vergessenheit geraten. Zumindest äußerlich ist schon viel Gras über die Sache gewachsen. Die Überlebenden dieses Arbeits- und Vernichtungslagers sind zum größten Teil bis heute nicht »entschädigt« worden, und keine einzige der ehemaligen Aufseherinnen oder der Verantwortlichen wurde verurteilt. Warum?

Auf kleinen, rostigen Tafeln ist zu lesen, dass die Mädchen und Frauen sich auch nach ihrer Befreiung nicht trauten, den Mund aufzumachen. Viele von ihnen blieben weiter als sogenannte »Asoziale« entmündigt.

Heute erinnern nur noch ein paar Reste von Mauern und Zäunen daran, dass genau hier das Konzentrationslager war. Als ich durch das Gelände streife, ist außer mir kein einziger Mensch da. Es ist still, nichts lenkt mich ab. Dadurch kann sich in mir eine Vorstellung dieser Zeit entfalten, die mich das Grauen ahnen lässt und mich mit Entsetzen erfüllt. Wir sind auf einer Deutschlandreise. Auch dieser Ort, auf den wir völlig ungeplant gestoßen sind, ist ein Teil Deutschlands.

Mag sein, dass wir unseren Kindern bald nur noch erzählen können, dass einst Kühe frei auf der Weide umherliefen.

Der Schatten dieser Backsteinkirche ist uns ein willkommener Ruheort.

Häuser der Ruhe

In einem kleinen Dorf in Mecklenburg-Vorpommern steuern wir die alte Backsteinkirche an, um uns in ihrem Inneren abzukühlen und auszuruhen. Leider ist sie verschlossen. So setzen wir uns in ihren Schatten, und ich fotografiere sie von außen. Nach einer Weile kommt eine alte Frau auf mich zu und fragt: »Fotografiert er hier, oder will er Bomben legen?« »Beides«, erwidere ich lachend. Das beruhigt sie anscheinend. Sie fragt, ob wir uns die Kirche nicht auch von innen ansehen wollen. Sie selbst sei die Hüterin des Schlüssels. Mit Freude treten wir ein. Das Innere ist schlicht, aber stilvoll, der hölzerne Glockenstuhl gefällt uns besonders gut.

Auf unseren Reisen durch die Welt sind wir natürlich immer wieder auf Kirchen und andere Gotteshäuser aufmerksam geworden, Sehenswürdigkeiten, durch die man als Reisender viel über die Kultur erfahren kann. Leider ist der Andrang durch uns Touristen oft so groß, dass eine dem Ort angemessene, besinnliche Stimmung nicht aufkommen mag. Doch in Gegenden oder zu Jahreszeiten, in denen wenige Touristen unterwegs sind, genießen wir die Ruhe und eine oft willkommene Kühle – in einer Moschee im islamischen Raum ebenso wie in einer dunklen, gotischen Kirche in christlichen Gefilden. Auch bei dieser Reise durch Deutschland zieht es uns immer wieder in die Gotteshäuser, sei es, um der Hitze des Tages oder dem lauten Trubel einer Stadt für eine Weile zu entkommen, sei es, um in der Ruhe unsere Erlebnisse und Gedanken zu verarbeiten. Die dicken Außenwände schirmen nicht nur Lärm und Licht von draußen ab, sondern sie sorgen auch für ein relativ ausgeglichenes Klima. Bei kalter Witterung ist es innen wärmer als draußen, bei sengender Hitze kühler. Wenn wir in dieser Atmosphäre betrachten dürfen, was Architekten, Künstler und Handwerker oft schon vor langer Zeit für die Besucher dieses Raumes geschaffen haben, werden auch wir ganz still und ruhig.

Mag man von den großen Weltreligionen halten, was man will, einen wahren Kern haben sie wohl alle inne.

Und wir empfinden es so, dass sich diese Wahrheit in der Gestaltung der Gotteshäuser mitteilt. Die Farben- und Formenlehre, wie sie uns die Natur gelehrt hat, die Wahl des Ortes und die Ausrichtung des Gebäudes: All dies scheint in der ganzen Welt dem gleichen Grundmuster zu folgen. Und der Wirkung kann sich niemand entziehen! Selbst bei unserer sonst so lebhaften Frida stellt sich in solchen Gebäuden ein respektvoller Ruhemoment ein, und sie schaut alles mit großen Augen an. So sitzen wir drei dann einfach nur da und sind mit unseren Gedanken hier und überall, bei allem Erlebten und beim Gegenwärtigen.

Die Kirchen im Gebiet der ehemaligen DDR waren lange Jahre verwaist und haben oft gerade dadurch ihren ganz eigenen Charme. Utensilien aus Zeiten, da die Kirchen in der DDR fremd genutzt wurden, verbrüdern sich hier mit religiösen Gegenständen aus alter Zeit. Keine Mikrofone oder Lautsprecheranlagen stören den Altarraum, keine Restaurierungsmaßnahme hat die Patina auf den alten Böden, Treppen und Holzbänken vernichtet.

Nicht selten werden Menschen auf uns aufmerksam, die sich dieser Häuser annehmen, sie pflegen, verwalten oder einfach nur täglich Türen auf- und zusperren – so wie in diesem kleinen Dorf in Mecklenburg-Vorpommern. Die anfängliche Skepsis gegenüber uns als »Vagabundenfamilie« weicht meist schnell der Freude darüber, dass hier jemand »ihre« Kirche schätzt und sie auf- und wahrnehmen will.

Im Inneren der Kirche erwartet uns ein schöner hölzerner Glockenstuhl.

Wärme, Ruhe und Geborgenheit strahlt der Altarraum mit seiner filigranen Holzkonstruktion aus.

Die Hüterin des Kirchenschlüssels lädt uns in ihr niederdeutsches Hallenhaus ein.

Das Haus der alten Dame

Offenbar hat die Frau vor der Kirche auf uns gewartet. »Ich lebe dort drüben, ganz allein«, sagt sie, als wir wieder ins Freie treten, und zeigt auf ein altes Bauernhaus. Wir beteuern, dass uns ihr Haus, wie auch viele andere in diesen idyllisch wirkenden Dörfern, sehr gut gefällt.

Sie bittet uns, einzutreten und das Haus auch von innen zu bewundern. Und das tun wir gern. Es ist ein niederdeutsches Hallenhaus, in Fachwerkbauweise mit Klinkern ausgemauert. Der Hauptwohnraum ist die kleine Küche mit einem Holzkohleofen. In der Tenne befindet sich altes Werkzeug und das Pferdezaumzeug, alles zwar etwas eingestaubt und mit Spinnweben überzogen, aber sonst so, als wäre es gestern dort abgestellt worden. Sie erzählt, dass alles noch weitgehend so sei, wie es schon war, als sie als junge, hübsche Frau als Haushälterin hierherkam und sich dann den Bauern geschnappt und geheiratet hat.

Sie fragt, ob wir nicht auch hierbleiben und hier leben möchten, wo es uns hier doch so gut gefalle? Derzeit gebe es im Dorf gerade mal zwei Kinder. Die Jungen seien alle weggezogen – »Gibt ja keine Arbeit hier.« Auch ihre eigenen Kinder leben auf der Insel Poel und arbeiten in der Tourismusbranche. Sie haben kein großes Interesse an dem alten Haus, erzählt sie nachdenklich.

Nicht immer sind wir uns sicher, ob es den Menschen, die wir treffen, bewusst ist, in welch schöner Landschaft, in welch schönen Dörfern und in welch schönen Häusern sie leben. Doch genau dieses Bewusstsein strahlt die freundliche alte Dame aus, und wir freuen uns mit ihr.

Vom Winde verweht, von der Zeit vergessen – so wirken manche Dörfer auf uns.

IM REICH DER WIKINGER

Von Mecklenburg nach Holstein

» *Schnitzt euch Löffel und Teller und lasst euch Suppe einschöpfen!* «

Wir erreichen nach knapp zwei Monaten und ca. 2000 Kilometer die Ostseeküste. Einst hausten hier die wilden Wikinger, oder tun sie das noch immer?

» *Ist das Meer plötzlich auf der anderen Seite, stimmt was mit der Fahrtrichtung nicht.* «

An der Ostseeküste

Welch ein tolles Gefühl, als wir uns nach rund 1700 Kilometern langsam der Küste nähern und die Meeresluft einatmen. Wie anders es hier doch riecht! Als wäre die Luft hier dicker, im Vergleich zu unserer Allgäuer Bergluft vielleicht wie Milch gegenüber Wasser – auch wenn man natürlich erst einmal Wasser mit dem Meer und (Kuh-)Milch mit Bergwiesen verbinden würde. Ab und an steigt uns der Geruch von Fisch und Algen in die Nase, stets begleitet uns dieser leicht süßlich-salzige Meeresduft, an den wir uns durchaus gewöhnen könnten.

Die Ostseeküste birgt große Kontraste: Wir erleben herrliche Einsamkeit in einer schon beinahe kitschig erscheinenden Kulisse mit steil abfallenden Felswänden, menschenleeren Stränden, der unglaublichen Weite des Meeres und wilden Wolkenspielen am Himmel, aber auch überlaufene Strandpromenaden, wo wir uns mit Sack und Pack durch Massen von Touristen hindurchquetschen – zu Fuß, weil Radfahren ausdrücklich untersagt ist.

Auf der Insel Poel, einer ehemaligen DDR-Urlaubsinsel, lassen wir uns für drei Tage nieder und überbrücken damit die erste wirkliche Schlechtwetterphase dieser Reise. Danach folgen wir dem gut ausgeschilderten Ostsee-Radweg. Hier an der Küste wäre es allerdings auch ohne Beschilderung sehr schwer, sich zu verfahren: Ist das Meer

Entgegen vieler Unkenrufe haben wir die ersten Tage an der Ostseeküste wenig Gegenwind, und wir können uns dem Genussradeln hingeben.

Menschenleere Strände, Meeresrauschen und Sonnenschein – es fehlt nichts zum Glücklichsein.

plötzlich auf der anderen Seite, stimmt was mit der Fahrtrichtung nicht ... Über Wismar geht es weiter in Richtung Lübeck. Zu unserer Freude haben wir entgegen aller Warnungen meist Rückenwind.
Dann überqueren wir zum zweiten Mal die ehemalige innerdeutsche Grenze, diesmal von Ost nach West. Auch jetzt wundern wir uns, wie sehr diese nicht mehr existente Grenze nach über 20 Jahren immer noch zu spüren ist. Die Häuser und ihre Gärten sind plötzlich unglaublich gepflegt, der Rasen penibel kurz gehalten, kein Schrott mehr hinter den Häusern oder in windschiefen Holzverschlägen, der gesammelt wird, weil man damit irgendwann noch etwas bauen oder reparieren könnte. Dafür stehen jetzt oft die neuen, schicken und auf Hochglanz polierten Autos der Hausbesitzer diagonal geparkt auf einer kleinen, rechteckigen Rasenfläche vor dem Haus, fast wie auf der Präsentierfläche eines Autohändlers. Auch die Menschen verhalten sich hier wieder anders, wenn wir nach dem Weg oder sonstiger Hilfe fragen. Als wir den Kurort Timmendorfer Strand durchqueren, fühlen wir uns wieder richtig daheim. Tausende von Touristen schlendern über die Strandpromenade. Der schmale Fahrradstreifen wird auch von ihnen belagert, und wenn wir vorsichtig klingeln, ernten wir manchmal sogar Beschimpfungen. Deswegen oder weil es manchmal überhaupt keinen Fahrradweg gibt, müssen wir die Räder nicht selten schieben. Und selbst zu Fuß stecken wir immer wieder fest in einer Herde Erholungssuchender.
Dann wieder erreichen wir Strände ohne große Menschenansammlungen und finden wunderschöne Plätze für unser Zelt, direkt an der Steilküste. Dort kommt es uns zugute, dass Frida noch nicht krabbelt. Sonst wäre es zu gefährlich, so nahe an der Abbruchkante der Steilküste zu kampieren.
Frida freut sich auch über jede Pause an einem Strand. Sie ist hellauf begeistert von dem riesigen Sandkasten, und wir sind anschließend nicht selten verwundert, wo man überall Sand horten kann ...

158
169
K
169
144
K
120
K

Die gemütlichen Strandkörbe verleihen vielen Stränden ein ganz besonderes Ambiente.

» Und, Papi, wie viele Männer hast du denn heute wieder umgebracht? «

Zeitreise ins Mittelalter

Wir verlassen die Ostseeküste, um etwas durch das holsteinische Landesinnere zu radeln. Gegen Abend scannen unsere Augen wie automatisch die Landschaft nach einem geeigneten Zeltplatz ab. Am Horizont springen uns ein paar weiße Punkte ins Auge, die sich beim Näherkommen als weiße Leinenzelte entpuppen. Zunächst glauben wir, ein Pfadfinderlager entdeckt zu haben, und wollen die Bewohner um Erlaubnis fragen, unser Zelt zu den ihren stellen zu dürfen.
Als wir das vermeintliche Pfadfinderlager erreichen, ahnen wir schon, dass wir uns getäuscht haben. Wo sind wir hier gelandet? Wohl noch in Deutschland, aber in welchem Jahrhundert? Die Kleider der Menschen sind aus grobem Stoff, ihre Werkzeuge wirken wie aus einem Museum. Etwas verwundert sprechen wir einen jungen Mann an und schildern unser Anliegen. Seine Antwort verstärkt unsere Verwirrung noch: Die Erlaubnis, unser Plastikzelt neben den beeindruckenden Holz- und Leinwandkonstruktionen aufzubauen, könne nur der Fürst persönlich erteilen! Netterweise erbittet er für uns eine Audienz.
Als wir nach einer Weile in das Zelt des Fürsten gebeten werden, sitzt dieser, in ein Leinengewand gekleidet, beim Abendmahl. Das fürstliche Mahl besteht aus einer Suppe, die mit Holzlöffeln aus Holztellern geschöpft wird, und ei-

Eintauchen in die Vergangenheit: Diese Menschen verbringen ihren Urlaub wie die Wikinger im Mittelalter. Ein ganz spezielles Erlebnis für alle Generationen ist garantiert.

Am Himmel die Zeugen des modernen (Flugzeug-)Zeitalters, darunter Lagerleben wie einst.

nem Ranken groben Brotes. Er wendet uns sein ausdrucksstarkes Gesicht zu und schaut uns aus klaren Augen an. »Ich bin Ulrich. Nun sagt, was kann ich für euch tun?«, fordert er uns kauend auf. »Wir sind Vagabunden der Neuzeit, stammen aus den Allgäuer Alpen und suchen einen Lagerplatz für die kommende Nacht«, antworten wir ehrerbietig. »Ah, Alemannen!«, ruft er aus. Das stimmt in der Tat, denn mein Heimatdorf Altstädten geht auf eine Siedlung alemannischen Ursprungs um 600 n. Chr. zurück.

»Nun denn, baut euer Zelt hier vor dem meinen auf, das ist ein sicherer Platz.« Welche Ehre dieses Angebot bedeutet, werden uns die anderen Lagerbewohner später klarmachen. Ulrich fährt indessen fort: »Ihr kommt genau richtig zum Essen.« Und mit einem verschmitzten Grinsen fügt er hinzu: »Schnitzt euch Löffel und Teller und lasst euch Suppe einschöpfen!« Nein, das war nicht ernst gemeint, wir dürfen unser Campinggeschirr verwenden. Doch die Teilnehmer am Wikingercamp sollten wirklich ausschließlich Gegenstände benutzen, die es auch im Mittelalter, in der Zeit der alten Wikinger, schon gab.

Nachdem wir mit Appetit die auf dem offenen Feuer gekochte Erbsensuppe gelöffelt haben, bauen wir etwas beschämt unser mickriges Tunnelzelt auf und beobachten still das Lagertreiben um uns herum. Kinder in handgenähten Kleidern tollen umher und schlagen mit Spielzeugäxten aufeinander ein. Gewaltfreie Erziehung sieht anders aus. Aber ich selbst bin, wie schon gesagt, auf dem Land aufgewachsen und musste damals meine Stellung im Gefüge der Dorfjugend nicht selten mit einer Rauferei oder einem Stock-Schwertkampf behaupten.

Was jedoch dann in diesem Wikingerlager geschieht, übertrifft selbst eine ordentliche Allgäuer Wirtshauskeilerei: Gestandene Männer in mit Rosshaar gepolsterten Mänteln, Schilden über dicken Lederhandschuhen und schön verzierten Stahlhelmen ziehen mit mächtigen Schwertern bewaffnet stampfend an uns vorbei und begeben sich auf die Wiese vor unserem Zelt.

Der Meister erklärt seinem Schüler, worauf er zu achten hat.

Wikingerfürst

Jeweils zwei Kämpfer beziehen Stellung, stehen sich mit erhobenen Schwertern eine Weile regungslos gegenüber und rennen dann mit einem markerschütternden Kampfschrei aufeinander los. Wer einen Helm trägt, dem darf auch auf den Kopf gehauen werden. Doch nur selten trifft ein Hieb den Gegner. Zur Kampfeskunst gehört vor allem das Abwehren der Schläge mit Schild und Schwert.
Ab und zu hören wir den knappen Ruf »tot«. Dann wird das Training kurz unterbrochen, und die beiden Kontrahenten unterhalten sich freundlich und kollegial über den Fehler, der mit geschliffenen Schwertern vermutlich zum Tod geführt hätte.
Zu unserer Überraschung betritt dann die Frau des Fürsten das Feld und liefert sich mit einem Bullen von Mann einen kraftvollen Ringkampf. Erst nach einiger Zeit gelingt es ihrem Gegner, sie mit einem Armbrechergriff zu Boden zu zwingen. Sie aber will nicht aufgeben. Erst als Fürst

Fürst Ulrich erzählt uns, wie er vom Manager zum Wikinger geworden ist.

Ulrich als Schiedsrichter dazwischengeht und mahnt: »Der Arm bricht, glaub mir, der bricht!«, gibt sie sich keuchend und fluchend geschlagen, und der Kampf wird mit einer kräftigen Umarmung beendet.
Am Abend hören wir, wie ein Vater, vor Schmerzen ächzend, ins Nachbarzelt tritt, und seine kleine Tochter ihn ganz lieb fragt: »Und, Papi, wie viele Männer hast du denn heute wieder umgebracht?«
Beim Frühstück am nächsten Tag erzählt uns Ulrich noch etwas über sein Leben als Wikingerfürst und wie es dazu kam: »Ob ihr's glaubt oder nicht. Ich war mal so ein Typ mit Anzug und Krawatte.« Ein erfolgreicher Manager auf einem großen Frachtschiff sei er gewesen, habe ein fünfstelliges Monatsgehalt bezogen, schöne Häuser und dicke Autos besessen. Durch einen Schlaganfall wurde er von heute auf morgen arbeitsunfähig. Zuerst verlor er seine Arbeit, nach und nach auch seine Häuser, Autos und Freunde und schließlich seine Frau. Da er aber immer schon ein Kämpfer war, erkannte er diesen körperlichen und mentalen Tiefpunkt als Chance zum Neuanfang und überlegte sich, wer er eigentlich sein wollte.
Immer schon habe er sich als Nachfahre der nordischen Wikinger empfunden, sagt er. Und so ist er eben professioneller Wikinger geworden. Mit seiner Truppe wird er für Showkämpfe gebucht. »Ich hab es nie bereut, Anzug und Krawatte gegen Helm und Schwert getauscht zu haben«, versichert er und widmet sich dann wieder seinen Amtsgeschäften als Wikingerfürst.

Wer einen Helm trägt, dem darf auch auf den Kopf geschlagen werden.

Im Alltag leben die heutigen Wikinger ganz zivilisiert, gut bürgerlich in netten holsteinischen Ortschaften.

Nach zehn Wochen ist Flensburg erreicht. Wir haben unser Land der Länge nach durchquert.

Nie wieder!?

Das Wetter auf unserer Fahrradreise durch Deutschland war bis jetzt erstaunlich gut: nicht zu heiß, nicht zu kalt und nur wenige richtige Regentage.
Doch auf dem letzten Stück an der Ostsee verlässt uns das Glück. Es regnet in Strömen, tagelang. Alles trieft vor Nässe, auch Klamotten und Schlafsäcke werden nicht mehr trocken. Wir scherzen schon, dass Frida in den Falten ihrer Speckröllchen bald Moos ansetzen wird. Doch nicht einmal mehr der Galgenhumor, der uns schon so oft durch Schwierigkeiten und Anstrengungen getragen hat, kann uns dauerhaft aufrichten. Wir fangen an, die Urlauber in ihren schicken Wohnwägen und Wohnmobilen zu beneiden, um die Wärme, die Trockenheit, die Tische und Stühle in ihren fahrenden Bungalows. Wir hingegen sind auf engstem Raum zusammengepfercht: zwei Erwachsene und ein Kind in einem Zweimannzelt, der nasse, stinkende Hund im Vorzelt, direkt vor unserer Nase. Was ist

Gemütlich ist anders! Wir versuchen, unsere Sachen im Zelt zu trocknen. Ohne Erfolg …

nun angenehmer: die quengelnde Frida im feuchtkalten Zelt bei Laune halten? Oder weiterradeln und hoffen, dass Frida im Anhänger einschläft, während uns der Wind den Regen ins Gesicht peitscht?
Bei einer ungemütlichen Pause, mit Plastiktüten über den Schuhen und Kleidung, die nasskalt auf der Haut klebt, stellen wir fest, dass unsere inneren Reserven aufgebraucht sind. Sobald es zu regnen anfängt, wollen wir nicht mehr. Wir denken daran, wie oft wir auf vergangenen Reisen schlechtem Wetter wie Stehaufmännchen und mit Humor getrotzt haben. Wieso haben wir jetzt keinen Trotz mehr?! Es kommt uns so vor, als hätten wir eine innere Regentonne, die an den Regentagen aller Fahrradreisen unseres Lebens vollgeplätschert ist und nun durch jedes zusätzliche Tröpfchen überläuft. Die innere Regentonne ist so etwas wie das innere Schmerzgedächtnis. Und diesmal sind wir uns sicher: Fahrradreisen ist 'ne blöde Idee, wir machen das nie wieder, das ist definitiv die letzte Reise mit dem Rad!
Seltsamerweise ist dieser Vorsatz, wie das häufig so ist mit guten Vorsätzen, bereits einen Tag später vergessen, als ein paar Sonnenstrahlen das Meer zum Glitzern bringen, wir drei ganz alleine auf einer Klippe über der Ostsee vor unserem Zelt sitzen und Frida sich glucksend und jauchzend mit uns des Lebens freut.
Nach über zwei Monaten und knapp 2500 zurückgelegten Kilometern beenden wir unsere Reise für 2011 – wie geplant – in Flensburg.

Vom Zweiten Weltkrieg nahezu verschont, hat Flensburg eine historisch interessante Altstadt.

FRIDA WILL MEER

An der Nordseeküste

» Baba!? Wasser fud, Meer numma do! «

Wieder radeln wir mit dem Meer zu unserer Rechten. Über den Westen des Landes wollen wir zurück in den Süden.

Im Norden unseres Landes gibt es hie und da noch alte Windmühlen.

Wo ist die Nordsee hin?

Im Sommer 2012, Frida ist mittlerweile gut eindreiviertel Jahre alt, packen wir unsere Fahrräder in den Zug. Wir wollen unsere Reise dort fortsetzen, wo wir sie im Jahr zuvor beendet haben. Von Flensburg aus radeln wir die ersten 70 Kilometer nach Dagebüll und setzen auf die friesische Insel Föhr über. Dort angekommen, gönnen wir uns erst einmal ein paar entspannte Tage in einer gemütlichen Pension, um uns hier im »hohen Norden« zu akklimatisieren, und sind begeistert von dieser wunderschönen grünen Insel mit den weiten weißen Stränden. Voller Freude und Neugier darauf, was wir in den kommenden Wochen erleben werden, radeln wir auf dem Festland an der Nordseeküste entlang weiter – grobe Richtung: in den Süden. Frida nimmt alle Wörter, die sie öfter hört, in ihren überschaubaren Wortschatz auf, und so grüßt sie nun bald al-

Schafe – tierische Rasenmäher für die Deiche und Proteinlieferanten für uns Menschen.

les und jeden mit »Moin«. Das Radeln entlang den endlos scheinenden Deichen, stets eine steife Brise im Gesicht oder im Rücken, versetzt uns Erwachsene in eine stille, fast melancholische, aber angenehme Stimmung.
Frida findet die vielen Schafe an den Deichen toll. Lautmalerisch nennt sie diese Wollknäuel »Mähfle«. In den Anhänger zieht sie sich nur noch zum Schlafen zurück, meist sitzt sie aufmerksam auf einem Kindersitz vorn am Lenker. Doch dort auf ihrem Thron will sie auch etwas geboten bekommen. Das stundenlange, monotone Radeln auf der dem Meer abgewandten Seite des Deiches führt dazu, dass sie uns in einem fort quengelnd auffordert: »Umblädre!«, was im Allgäuer Dialekt »Umblättern« bedeutet – Fridas Allzweckwort für »Jetzt bitte mal was Neues!«.

Heute können wir sie erfolgreich beruhigen, indem wir ihr versprechen, dass sie am Abend, wenn wir einen Zeltplatz gefunden haben, ihre neuen Schwimmflügel anziehen darf. Sie müsse dann nur noch über den Deich klettern, um im Meer zu baden, erklären wir ihr.
Gesagt, getan: Frida lässt sich ihre Schwimmflügel anziehen und klettert ganz alleine den Deich hoch. Oben bleibt sie stehen und schaut verdutzt hinunter: »Baba!? Wasser fud, Meer numma do!« (Papa, das Wasser ist fort, das Meer ist nicht mehr da!)
Wir dummen Allgäuer haben völlig die Gezeiten vergessen, und im Moment ist gerade Ebbe. Für Frida aber ist ein Schlammbad im Schlick mindestens genauso schön wie Plantschen im Wasser.

Einsamer Radweg an einem der Deiche, die dem Schutz vor Sturmfluten und Hochwasser dienen.

» Ein älterer Herr rät mir eindringlich, niemals Ost- mit Nordfriesen zu verwechseln. «

Der Friese und der Allgäuer

Dass die Friesen so manche Gemeinsamkeit mit den Allgäuern haben, davon wurde uns schon erzählt. Beide siedeln am Rande Deutschlands, viele leben noch von der Landwirtschaft, oft zurückgezogen in einsamen Gegenden, und sprechen einen Dialekt, den außer ihnen kaum einer versteht. Dass es aber auch charakterliche Parallelen zu geben scheint, hat uns dann doch erstaunt.

Nach vielen Zehntausenden von Kilometern bricht an einem schönen Sonntagmorgen mein guter alter Stahlrahmen. Eigentlich darf so ein Rahmenbruch nicht geschweißt werden, aber was soll man tun ... ein neues Fahrrad kaufen etwa? Am Sonntag einen Schlosser zu finden, der auch noch gut mit einem WIG-Schweißgerät umgehen kann, ist nicht ganz einfach.

Schließlich stoßen wir im Hinterhof einer Werkstatt auf einen Schlosser, der gerade an seinem Privatauto arbeitet. Seine Reaktion auf meinen Gruß kommt mir irgendwie bekannt vor. Auch der Allgäuer antwortet auf ein freundliches »Hallo« oft nur mit einem Kopfnicken, kombiniert mit einem Laut, ähnlich einem »mmhh«. Das muss durchaus nicht unfreundlich gemeint sein, es kann sogar bedeuten: »Hallo, mein Freund, wie geht es dir?«

So etwas wie »mmhh« ist also auch die Antwort dieses friesischen Schlossers. So fühle ich mich gleich herzlich

Auch in Friesland haben wir nette, amüsante und schräg-skurrile Begegnungen mit den unterschiedlichsten Menschen.

An einem Sonntag finden wir einen Schlosser, der den Rahmen meines Fahrrads schweißt.

willkommen und schilderte mein Problem. Das könne er nicht reparieren, nur sein Bruder. Er verschwindet in ein kleines Büro, ich höre ihn schimpfend telefonieren. Wortlos kommt er zurück. Nach einer Weile frage ich vorsichtig: »Und?« »Ja, ja«, antwortet er. Etwa 15 Minuten später erscheint sein verschlafen wirkender Bruder in der Werkstatt. Immerhin schenkt er dem Fahrrad mehr Aufmerksamkeit und Worte als mir – für mich ein gutes Zeichen.
Aufgrund meiner Erfahrungen mit grummeligen Allgäuern, die es nicht mögen, wenn man ihnen bei ihrer Arbeit dreinredet, halte ich mich mit meinem Wissen über das enorm dünne Material eines ChroMoly-Rahmens zurück. Auch so merken die beiden das schnell, als sie das erste große Loch in den Rahmen gebrannt haben. Weiteres Schimpfen, weitere Versuche, und mit einem Stück Blech über der Bruchstelle und dem Brandloch wird der Rahmen sauber geschweißt.
Nach getaner Arbeit treten die beiden mit mir in den Hof hinaus, wo Manu mit Frida wartet. Wie vermutet, sind die Herren uns durchaus freundlich gesinnt. Sie erzählen jetzt viel aus ihrem Berufsalltag, befragen uns über das Leben in den Bergen und weigern sich standhaft, Geld für ihre Sonntagsarbeit zu nehmen. Wir sollen ihnen eine Karte schreiben, wenn wir mit dem Rahmen bis ins Allgäu kommen. Nicht nur das, der Rahmen hält tatsächlich bis heute. Danke!
Andere Erlebnisse und Gespräche mit Friesen sind ähnlich amüsant. Ein älterer Herr etwa rät mir eindringlich, niemals Ost- mit Nordfriesen zu verwechseln, denn sie mögen einander nicht. Er selbst habe noch heute eine krumme Nase, weil sie ihm gebrochen wurde, als er es einst als junger Nordfriese gewagt hatte, auf ein ostfriesisches Dorffest zu gehen, um dort mit einem ostfriesischen Mädchen zu tanzen. Den ostfriesischen Besuchern der Feste in seinem Heimatdorf in Nordfriesland sei es aber auch nicht besser ergangen.
Wie gesagt: Die Parallelen zwischen Friesland und dem Allgäu sind unübersehbar ...

Wanderkirche St. Margarethen: Das Gotteshaus stand einst an einem anderen Ort.

Kirche in Bewegung

An der Elbe nahe Brokdorf führt unser Weg durch ein kleines Dorf namens St. Margarethen. Wieder einmal ruhen wir uns im Schatten einer kleinen Kirche aus. Hier fällt uns besonders auf, dass zwischen Kirche und Turm ein Abstand von ein paar Metern liegt, der Turm also nicht direkt an die Kirche angebaut ist. Nicht einmal dasselbe Baumaterial wurde verwendet: Die Kirche ist aus Backstein erbaut, der Turm hingegen aus Holz. Wir betreten das Kirchenschiff, steigen auf eine umlaufende Holzempore und betrachten den Kirchenraum. Nach einer Weile fragen wir uns, wozu der geschlossene, mit Fenstern versehene Bereich der Empore über dem Altar dient oder diente. Eine Antwort darauf können wir auch auf dem kleinen Schild, das neben der Eingangstüre der Kirche angebracht ist, nicht finden.
Immerhin erfahren wir dort, dass es sich um eine spätbarocke Backstein-Saalkirche handelt, neu erbaut ab dem Jahr 1784. Seit 1500 hatte die Kirche an diesem Platz gestanden. In diesem Jahr war das ganze Dorf umgezogen. Elredefleth, so hieß das Dorf zuvor, lag dort, wo jetzt die Elbe fließt. Es war von Hochwassern der Elbe so stark bedroht, dass es samt Kirche hierher umsiedeln musste. Hier kam die Kirche sozusagen in Bewegung – ein Wunsch, den heute viele Menschen haben … Wir sind jedenfalls froh, dass diese Kirche heute hier steht. Einmal mehr genießen wir die Kühle und Ruhe eines Sakralbaus und fühlen uns danach wunderbar gestärkt für die Weiterfahrt.

THORMAHLEN CARSTEN HAACK C.S. HANS POHLMAN H.S. SIEM SCHMIDT IOHAN EHLERS HINRICH EHLERS

Ein altes, reetgedecktes Haus. Auch bei Neubauten ist Schilf wieder in Mode.

> » Die Redewendung >Ein Friese kann am Morgen schon sehen, wer am Abend zu Besuch kommt< könnte bald nicht mehr stimmen. «

QUO VADIS, DEUTSCHLAND?

Energie- und Landwirtschaft im Norden und im Rest des Landes

Die Themen Energiewende und Landwirtschaft springen uns immer wieder ins Auge. Sie werden uns auch noch ein paar Jahre begleiten in diesem Land. Wie werden wir wohl in 50 Jahren über unsere heutigen Schritte denken?

» In der Nähe von AKWs haben wir das alberne Bedürfnis, die Luft anzuhalten und schnell weiterzustrampeln. «

Energiewende – aber nicht hier!?

Wir Allgäuer freuen uns, wenn wir eine alte Windmühle sehen, denn so etwas gab es bei uns nie. Die modernen Windräder wollen aber auch wir nicht auf den Kuppen unserer Berge stehen haben. Das störe das Landschaftsbild und schade somit dem Tourismus, heißt es.

Die Redewendung »Ein Friese kann am Morgen schon sehen, wer am Abend zu Besuch kommt« trifft hingegen womöglich bald nicht mehr zu, denn hier im Norden Deutschlands gibt es Gegenden, in denen die neuen Windräder für die Energiegewinnung bereits heute so zahlreich sind, dass sie den Blick zum Horizont behindern. Und deshalb wächst hier auch inzwischen der Widerstand gegen einen weiteren Ausbau der Windparks. Die Energiewende wirft sozusagen ihre Schatten voraus.

Energiewirtschaft und Landwirtschaft gehen oft Hand in Hand. Viele Bauern hegen und pflegen neben ihren Tieren im Stall – oder sogar stattdessen – inzwischen Bakterien in der Güllegrube, damit diese ordentlich Methan produzieren, um mit diesem sogenannten Biogas Strom zu erzeugen. Das Verfahren ist jedoch umstritten, denn auf vielen Feldern in Deutschland wächst heute »Energiemais«, der ohne Umweg über die vier Kuhmägen direkt zu den gefräßigen Bakterien wandert. Neben den Mais-Monokulturen als solchen stellt auch das in den Gasmotoren nicht

Jegliche Art von Energieversorgung greift in unser Landschaftsbild ein, ob in Form von riesigen Windrädern, von Atommeilern oder Strommasten.

Spannend ist es, die Ästhetik in dieser Aufreihung von Solarmodulen zu suchen.

verbrannte Methan ein Problem dar, da es in der Atmosphäre eine große Treibhauswirkung entfaltet.
Große Solarparks werden als Verunstaltung der Landschaft angesehen. Wo wenig Wind bläst und die Sonnenstunden gezählt sind, dafür aber das Relief der Landschaft große Höhenunterschiede aufweist, kann in Stauseen von Pumpspeicherkraftwerken Energie gespeichert werden. Doch auch die künstlichen Stauseen werden als ein Eingriff in das Landschaftsbild gebrandmarkt, und gerade im touristischen Oberallgäu möchte man die Reize der Landschaft nicht der Energiewende opfern. Die Stauseen dagegen, die im Allgäu in den letzten Jahren vielerorts für die Beschneiungsanlagen gebaut wurden, waren aus Sicht des Tourismusmarketings offenbar vertretbar.
Wenn aber die Energie andernorts erzeugt werden soll, muss ein Netzausbau erfolgen. Neue Hochspannungsmasten will jedoch auch niemand in der Nachbarschaft, und die unterirdische Verlegung dieser Trassen sei zu teuer und zu aufwendig. Ein Atomkraftwerk will erst recht niemand vor der Haustüre haben, und der Atomausstieg bis 2022 scheint weiterhin beschlossene Sache zu sein. Wie auch immer: Die Energiewende wird in ganz Deutschland ein spannendes Thema bleiben.
Als wir die Elbe entlangradeln, taucht in der Ferne die Silhouette einer modernen Moschee mit einem weit in den Himmel ragenden Minarett auf. Beim Näherkommen entpuppt sich der Gebäudekomplex jedoch als das Atomkraftwerk Brokdorf. Wie immer in der Nähe von Atomkraftwerken haben wir das alberne Bedürfnis, die Luft anzuhalten und schnell weiterzustrampeln, um daran vorbeizukommen. Doch für viele Brokdorfer hat dieser Meiler offenbar längst seinen Schrecken verloren. Verwundert stellen wir fest, dass direkt vor dem Atomkraftwerk Leute in der Elbe baden. Während wir gegen unser beklemmendes Gefühl ankämpfen, genießen die Leute ihr Bad im warmen Kühlwasser, das an dieser Stelle zurück in die Elbe fließt.

Der Gemüseanbau ist harte körperliche Arbeit.

Verlorene Vielfalt

An einem unserer vielen Übernachtungsplätze auf landwirtschaftlichen Nutzflächen lernen wir frühmorgens ein freundliches älteres Ehepaar kennen. Die beiden haben sich in ihrem Leben auf den Feldern regelrecht krumm und bucklig gearbeitet, einen großen Teil ihrer Lebenszeit haben sie in gebückter Haltung auf dem Feld verbracht. Heute wolle keines ihrer Kinder diese Arbeit weiterführen, sagen sie traurig, aber voller Verständnis.
Der Gemüseanbau in Deutschland hat sich stark verändert. Früher, so das Bauerpaar, hätten sie viele verschiedene Obst- und Gemüsesorten angebaut. Bei Tagesanbruch seien sie in die lokale Großmarkthalle gefahren, und bis zehn, elf Uhr vormittags hätten sie oft schon alles verkauft gehabt und seien auf ihre Felder zurückgekehrt. Heute laufe das ganz anders: Die Discounter selbst bestellten bei den Landwirten, und die Erzeugnisse würden dann mit Lkw direkt beim Bauern abgeholt. So baue ein

Altes Wissen geht verloren, wenn es Landwirte wie dieses Paar nicht mehr gibt.

konventioneller Gemüsebauer heute zwar große Mengen, aber nur noch wenig Vielfalt an. Viele alte Sorten gingen dadurch verloren, ebenso das Wissen der Leute um deren Zubereitung.
Sie zeigen uns, dass sie noch einige der selten gewordenen Gemüsesorten anbauen, die bei älteren Leuten aus den Nachbardörfern bekannt und begehrt sind, Bohnensorten, die sich gut lagern lassen, zum Beispiel.
Die Kinder des Ehepaares dagegen wollen künftig auf Maisanbau und die Einnahmequelle Biogas setzen. Ein großer Teil des Obst und Gemüses, das wir in Deutschland verzehren, wird heute über weite Strecken aus dem Ausland importiert. Ist das wirklich Fortschritt, wenn ein Land sich irgendwann nicht mehr selbst ernähren kann?

Nicht ohne Stolz berichten uns die beiden, dass sie vor einem Jahr von einigen jungen Familien aus der nahen Stadt gefragt wurden, ob sie nicht auch ein paar Reihen Kartoffeln und anderes Gemüse für sie anbauen könnten. Die Familien bezahlten gemeinsam für den Anbau, und fast täglich komme jemand von ihnen aufs Feld, oft mit den Kindern, um zum Beispiel bei der Bewässerung der Felder zu helfen, einer Arbeit, welche die körperlich ausgezehrten Bauersleute viel Kraft kostet. Das sei ein sehr schönes Geben und Nehmen, eine Bereicherung für alle Beteiligten. In den letzten Jahren sind in Deutschland viele ähnliche Initiativen im Bereich der »solidarischen Landwirtschaft« entstanden, die uns Hoffnung geben für die Zukunft.

Der Weinanbau ist eine Sparte der Landwirtschaft, die sich noch zu lohnen scheint.

Die Zukunft der Schafe: Kochtopf oder Wollstrumpf.

Schafschur

Die vielen Schafe an den Deichen der Nordsee und der Elbe sind natürlich nicht zur Verzierung gedacht. In Deutschland dienen sie hauptsächlich dem Verzehr. Ein junger Schafscherer erzählt uns, dass man schon 500 bis 1000 Schafe brauche, um im Vollerwerb von der Schafhaltung leben zu können. Er selbst werde von den Schafbesitzern engagiert.

Wir dürfen ihm bei seiner Arbeit zusehen. Er benötigt wirklich nur zwei bis drei Minuten, um ein Schaf zu scheren. Wir bewundern, wie ruhig und kontrolliert seine Bewegungen bleiben, sosehr das Schaf auch zappelt und sich wehrt. Gut bezahlt werde er nicht, auch weil die Wolle in Deutschland ein reines Nebenprodukt sei. Der Erlös aus dem Wollverkauf reiche meistens gerade so aus, um den Schafscherer zu bezahlen.

In einer Pause erzählt er uns von einem Kuriosum der Globalisierung. Die meisten Schafe würden in Neuseeland gehalten, dort aber nicht für das Fleisch, sondern wegen ihrer Wolle. In Neuseeland sei also Fleisch das Nebenprodukt. Jetzt würden die Neuseeländer also das Fleisch billigst auf den Weltmarkt werfen und damit den deutschen Schafhaltern den Fleischpreis kaputtmachen – und diese umgekehrt den Neuseeländern den Wollpreis. Wir sollten doch einmal darauf achten, woher das Schaffleisch in unseren Supermärkten komme, oft sei es aus Neuseeland. Wieder mal sind wir auf einen fragwürdigen Fortschritt gestoßen: Fleisch von der anderen Seite der Erde ist auf unserem Ladentisch billiger als Fleisch aus dem eigenen Land.

DIE LETZTEN FISCHER UND DIE DICKSTEN SCHIFFE

Durch das Ems- und Münsterland

>> Der Tidenhub durch Ebbe und Flut beträgt sage und schreibe über drei Meter. <<

Von der Nordsee biegen wir bei Emden links ab in Richtung Süden, fahren durch Ems- und Münsterland und steuern das Ruhrgebiet an. Fischer und Landwirte erzählen uns hier aus ihrem Leben.

» Die Ems, die is dod.
Stufdod is die! «

Der dreckigste Fluss Deutschlands?

Die meisten Flüsse in Deutschland sind heute wieder so sauber, dass man ohne Sorge darin baden kann. Sogar der Rhein ist – selbst bei Köln – ein einladendes Badegewässer. Ganz anders sieht es allerdings bei der Ems aus. In Emden biegen wir von der Nordseeküste links ab und folgen der Ems in Richtung Süden. Dass mit diesem Fluss etwas nicht stimmt, vermuten wir schon, als wir zum ersten Mal seine schlammbraune Farbe sehen. Und spätestens bei einem Warnschild des Landkreises Leer, auf dem aufgrund der mangelhaften Wasserqualität vor dem Baden im Fluss gewarnt wird, sind wir uns sicher: Hier ist was faul!

Bei Jemgum wird es Zeit, einen Zeltplatz zu suchen. So fragen wir einen alten Fischer, der am Ufer der Ems seine hölzernen Aalreusen ölt, ob wir hier auf seinem Grund neben dem alten Stahlkutter unser Zelt aufbauen dürfen. Wieder mal werden wir in ein nettes und interessantes Gespräch verwickelt. Er sei einer der letzten Berufsfischer an der Ems, wobei sich der Fischfang auf die paar Aale beschränke, die sich hier wenige Male im Jahr noch den Weg ins Meer und zurück suchten. Ansonsten sei der Fluss in diesem Bereich tot, Fische – Fehlanzeige.
Der Grund dafür liege etwa 30 Kilometer weiter flussaufwärts bei Papenburg. Er selbst habe lange gegen den Bau

Haarsträubende Geschichten in friesischer Gemütlichkeit. Walter Bünker erzählt von seinem Kampf gegen die Meyer-Werft.

Kaum Fische und nur noch wenige Aale seien in der Ems zu fangen, erzählen die Fischer.

der dortigen Meyer-Werft gekämpft, ohne Erfolg. Er wolle nicht mehr fotografiert werden, zu oft sei ihm von Journalisten das Wort im Munde umgedreht worden, und am Ende sei er in Zeitungsartikeln als der dumme Fischer dagestanden. Aber wir sollen doch Herrn Walter Bünker in Weener besuchen, der sei auch am Kampf für die Ems und gegen den Bau der Meyer-Werft bei Papenburg aktiv beteiligt gewesen.

Weil uns die Geschichte der Gegend und des Flusses zu interessieren beginnt, treffe ich mich in Weener mit Walter Bünker, und er erzählt: Herr Meyer war damals auf der Suche nach einem geeigneten Standort für seine neue Werft. Bis nach Philadelphia in den USA habe er sich umgeschaut. Das niedrige Lohnniveau in Papenburg und die Unterstützung, die er hier bekam, gaben dann wohl den Ausschlag für seine Entscheidung, obwohl bis heute schwer verständlich ist, warum so eine Werft nicht direkt an der Küste gebaut wurde. Damit die riesigen Kreuzfahrtschiffe, die in der Werft gebaut werden, überhaupt in die Nordsee gelangen können, muss die Ems regelmäßig auf acht Meter Tiefe ausgebaggert werden. Durch das Ausbaggern ist die Fließgeschwindigkeit der Ems schneller geworden. Der Tidenhub durch Ebbe und Flut beträgt sage und schreibe über drei Meter, und das Wasser läuft bei Flut schneller die Ems hoch als bei Ebbe hinunter. Täglich zweimal steigt oder fällt der Wasserspiegel des Flusses bis nach Papenburg im Landesinneren um über drei Meter. Dadurch gelangt viel Schlick aus der Nordsee in die Ems, wird aber nicht wieder hinausgespült. Die Ems, so Bünker, ersticke regelrecht, es sei kaum mehr Sauerstoff im Wasser. Deiche würden unterspült, Häuser in Flussnähe bekämen Risse, die Pflanzen- und Tierwelt in und am Fluss gehe zugrunde. Warum sich die meisten Naturschutzverbände so zurückhaltend verhielten, darüber könne nur spekuliert werden.

Zwar schafft die Werft viele Arbeitsplätze und Prestige, aber sie hat eben auch einen großen Teil der Natur dieser Region auf dem Gewissen.

Know-how wird weitergegeben von Generation zu Generation, hier vom Großvater zum Enkel.

Kühe im Milch-karussell

Was Qualität bedeutet, ist nicht nur Ansichtssache. Die Kontrollen sind streng.

Es gibt sie noch, die kleinen Familienbetriebe. Doch in der konventionellen Landwirtschaft ist der Einsatz von gentechnisch verändertem Futter und Antibiotika Usus, beim Kleinbauern ebenso wie im Großbetrieb. Auch in der Milchwirtschaft geht der Trend zu »größer, schneller, günstiger«: Betriebe mit 1300 Kühen, die täglich 36 000 Liter Milch »produzieren«, sind keine Seltenheit mehr.
In der Agrargenossenschaft Karstädt erzählen uns Herr Wegt und Herr Pavlowski, dass ihr Betrieb schon zu DDR-Zeiten eine Landwirtschaftliche Produktionsgenossenschaft mit 2000 Kühen war. Damals hätten Bauern aus dem Westen gemeint, das könne doch nicht funktionieren. Heute gilt es als modern und professionell, Kühe in Laufställen zu halten und in Melkkarussellen im Schichtbetrieb zu melken, so wie die LPGs es damals vorgemacht haben.

Auch die Herren Wegt und Pavlowski produzieren Qualitätsmilch, täglich ca. 36 000 Liter.

In diesem Rund werden jeweils 60 Kühe gemolken. Sie betreten das Karussell selbstständig.

Manu und Frida beim abendlichen Bad. Unsere Badewanne ist sehr groß zu dieser Zeit.

Frida und die Meina-Phase

Mit dem Fahrrad reisen, das heißt, dass die mitgeführten Habseligkeiten überschaubar sind. Spannend wird es, wenn sich eine Mitreisende dann gerade in der »Meina-Phase« befindet. Egal, was Frida sieht: Sie fragt, ob es ihr gehört. Der Unterschied zwischen Mein und Dein muss wohl ausgiebigst untersucht und gelernt werden.
Eines Abends suchen wir einen Campingplatz auf, weil am Vorabend die Zeltstange gebrochen ist und repariert werden muss. Doch die Zeltstange will nicht so wie ich, und alle in Hörweite befindlichen Camper bekommen einen unfreiwilligen Schnellkurs in bestem Allgäuer Verwünschungsvokabular.
Bald flieht Manu mit Frida vor meinem Gefluche, und die beiden streifen über das Gelände. Mit großen Augen schaut sich Frida all die tollen Besitztümer der Camper an und fragt beinahe im Sekundentakt: »Mäha meina?« (Gehört dieser Rasenmäher mir?), »Rolla meina?« (Gehört dieser Roller mir?), »Kibl meina?« (Gehört dieser Sandeimer mir?). Jedes Mal erklärt Manu mit Engelsgeduld, dass dieser Gegenstand einer anderen Person gehört. Als die beiden sich unserm Zelt nähern, freut sich Manu, Frida endlich etwas zeigen zu können, das ihr gehört: »Frida, schau mal, und wem gehört dieses Zelt?«, worauf Frida frustriert antwortet: »Zelt meina, seiße, butt!« (Ich glaube, hier ist keine Übersetzung nötig ...)

Zeit ist ein hohes Gut in unserer Gesellschaft – etwa die Zeit, um Stimmungen wie diese zu erleben.

Der Luxus der Langsamkeit

Wie Menschen auf Reisende reagieren, sagt viel aus über den Zeitgeist einer Gesellschaft. Von zu Hause aus unterwegs nach Ägypten, wurden wir ab dem Balkan mit unseren Fahrrädern oft ungläubig begutachtet, und die Leute fragten sich, wie man nur so »bescheuert« sein kann, aus einem so reichen Land wie Deutschland zu kommen und sich dann mit dem Rad fortzubewegen. Auf der Reise durch Deutschland begegnet uns eine völlig andere Frage: Wie kann man sich es leisten, für mehrere Wochen aufs Rad zu steigen und den Luxus der Langsamkeit zu genießen? In unserer Gesellschaft ist Zeit fast unerschwinglich geworden.

Für uns bedeutet das Radfahren einen Ausstieg auf Zeit. Mit jedem Kilometer streifen wir das Gefühl des Gehetztseins ab. Immer mehr gelingt es uns, im Moment zu

Auch direkt vor unserer Nase gibt es immer wieder Schönes zu entdecken.

bleiben und den Kopf zu leeren. Die wichtigen Fragen sind: Was essen wir heute? Wo können wir Wasser bekommen? Wo schlafen wir?
Häufig erleben wir, dass Menschen in unserer Gegenwart plötzlich in der Vergangenheit schwelgen und sich intensiv an Radreisen ihrer Jugendzeit erinnern, mit zahlreichen Details. In vielen Schilderungen klingt durch, wie wunderbar diese freie Zeit und wie bereichernd das einfache Reisen war. Wehmut wird wach, manchmal fasst jemand den Entschluss, sich mal wieder für einige Tage in den Sattel zu schwingen und ins Blaue zu fahren.
Nach und nach lernen wir das »ziellose« Radeln. Wir beginnen, uns von räumlichen Zielen und Vorstellungen zu lösen. Wie viele Kilometer am Tag zu bewältigen sind, welche Orte wann erreicht werden sollen, spielt keine Rolle mehr. Es stellt sich eine wirkliche Entschleunigung ein, und das monotone Strampeln bringt Körper und Geist ins Gleichgewicht. Die Langsamkeit erleichtert das bewusste Erleben mit allen Sinnen, und der Geist kann frei zwischen Vergangenheit, Zukunft und Gegenwart schweben.
Doch mit einem nicht mal zweijährigen Zwerg am Lenker ist dann doch eine deutliche Veränderung gegenüber früheren Reisen festzustellen: Wir sind immer völlig im Jetzt! Von wegen Gedanken schweifen lassen – jede Blume, jedes Tier, jedes Fahrzeug wird von uns dreien kommentiert, und selbst unser Erwachsenenkopf fängt irgendwann an, bei einer Kuh wie von selbst zu denken: »Oh, schau mal, eine Kuh, die macht Muh!«

Manche Dinge und Tätigkeiten benötigen einfach Muße. Der Erfolg lässt sich nicht erzwingen.

Ein Bauernhof wie aus dem Bilderbuch: Backsteinarchitektur im Münsterland.

Zollverein

» Wenn ich hörte, dass Kinder aus dem Ruhrgebiet kamen, haben sie mir immer leidgetan. Ihre Heimat stellte ich mir so furchtbar grau vor ... «

ETWAS AUS DEM KOHLENPOTT

Im Ruhrgebiet

Es gibt nur ganz wenige Punkte auf der Deutschlandkarte, die wir uns zu durchradeln vornehmen. Der Kohlenpott gehört dazu. Woher der Charme dieser Region kommt, gilt es zu ergründen. Mit Sicherheit spielen die Bewohner des Ruhrgebiets eine große Rolle.

» Sicher ist: Dem Charme des Potts können wir uns nicht entziehen. «

Als der Pott noch brodelte

Vorbei an Meppen und Lingen fahren wir durch das Emsland, durchqueren das Münsterland, und irgendwann sind am Horizont die ersten Schornsteine des Ruhrgebiets zu erkennen. Eigentlich ist das insgeheim ein Ziel dieser Reise. Oft lassen wir uns einfach treiben, nur wenig wollen wir unbedingt sehen. Doch einmal mit dem Rad durch den Kohlenpott, das haben wir uns schon vor Beginn der Reise immer wieder vorgestellt.
Städte mit für uns lustig klingenden Namen wie Bottrop, Castrop-Rauxel oder Gelsenkirchen warten hier auf uns. Schon als Kind habe ich diese Städtenamen gehört, wenn wir mit Kindern spielten, die ihren Sommerurlaub in unserem Dorf verbrachten, Sommerfrischler nannten wir sie. Wenn ich hörte, dass Kinder aus dem Ruhrgebiet kamen, haben sie mir immer leidgetan. Ihre Heimat stellte ich mir so furchtbar grau vor, voller Abgas und Ruß. Und dann konnten diese Kinder noch nicht einmal ordentlich barfuß laufen oder auf Bäume klettern, waren in den Augen von uns Dorfkindern also überlebensunfähig.
Diese kindliche Vorstellung haben wir natürlich nicht mehr, als wir uns nun dem Kohlenpott nähern, wir sind auch schon mit unseren Vorträgen hier gewesen. Und doch sind wir überrascht, wie grün es hier auch ist. Zwischen Recklinghausen und Gelsenkirchen rollen wir durch ein sich

Zum Glück sind noch ein paar alte Zechensiedlungen erhalten geblieben. Baumaterial war auch hier oft der rote Klinker.

Einige der Siedlungen werden heute genossenschaftlich verwaltet, wie hier die Rheinpreußensiedlung.

über mehrere Kilometer erstreckendes Wald- und Wiesengebiet, mit einem schönen Bächlein und einzelnen, weit verstreuten Häusern. An einem Bauernhof fragen wir, ob wir unser Nachtlager auf einer Wiese aufschlagen dürfen. Der Landwirt besucht uns am Abend an unserem Zelt. Er erzählt von der speziellen Lage seines Hofes. Der Bergbau habe ihn nur am Rande berührt. Zwar sei sein Land mittlerweile um etwa einen Meter abgesunken, aber ansonsten führten er und seine Familie ein typisches Leben auf dem Lande. Kleiner Unterschied zum Landleben im Allgäu ist aber: Seine beiden Töchter studieren in unterschiedlichen Städten, benötigen von zu Hause aber jeweils nur wenige Minuten mit öffentlichen Verkehrsmitteln zu ihren Universitäten. Als ich mir das durch den Kopf gehen lasse, wird mir klar, dass ich damals den Sommerfrischler-Kindern aus dem Ruhrgebiet auch leidgetan haben muss – so weit ab vom Schuss in den Allgäuer Alpen eingepfercht, und dann kann er noch nicht einmal ordentliches Deutsch sprechen!

Wie das Landei Frida dieses riesige Städtegebiet verkraften wird, konnten wir uns vorher nicht so recht vorstellen. Aber sie verhält sich in den Fußgängerzonen wie überall, spielt ihre Spiele, statt im Wald und auf Wiesen nun eben auf der Straße und in Läden. Die Leute freuen sich an dem kleinen Mädchen mit seinen unverständlichen Brocken Allgäuer Dialektes.
Es fällt uns schwer, uns vorzustellen, wie es hier noch in den 1960er-Jahren ausgesehen haben mag. Wie war es wirklich, als der Pott noch »brodelte«? Erzählt wird, dass die Wäsche, wenn sie im Hinterhof auf der Leine trocknete, danach schmutziger war als vor dem Waschen. Oder die Geschichten von hart arbeitenden, aber glücklichen Malochern, die nach getaner Arbeit zufrieden vor ihren Häuschen in der Zechensiedlung saßen und den Kindern beim Spielen zusahen. Wir können nur zuhören, wenn uns etwas erzählt wird, und dabei nicht vergessen, dass heute bestimmt auch einiges romantisiert wird. Sicher ist: Dem Charme des Potts können wir uns nicht entziehen.

Dramatische Wolkenstimmung über der Zeche Zollverein in Essen.

Spätestens seit das Ruhrgebiet 2010 Kulturhauptstadt Europas war, ist es auch touristisch gut erschlossen. Ehemalige Industriebrachen wie die Zeche Zollverein in Essen, der Landschaftspark Duisburg-Nord oder der Gasometer in Oberhausen sind als Sehenswürdigkeiten, kulturelle Veranstaltungsorte und Sportstätten über die Grenzen des Landes hinaus bekannt.
Auf der Brache der Gutehoffnungshütte in Oberhausen wünschten sich viele den Bau einer Hochschule. Doch dafür war wohl kein Geld da. Heute steht hier, in der sogenannten Neuen Mitte Oberhausen, das CentrO, Europas größtes Einkaufs- und Freizeitzentrum. Für den Konsumrausch der Bürger wurden Investoren gefunden, denn das zahlt sich anscheinend aus, zumindest kurzfristig. Ich nenne solche Einkaufszentren »Kathedralen der Neuzeit«, in denen wir den Gott des Konsums anbeten. Früher kaufte der Malocher alles, was er zum Leben brauchte, am Büdchen um die Ecke. Heute existieren nur noch wenige dieser kleinen Kioske und einstigen Markenzeichen des Ruhrgebietes.

Heute erobert sich die Natur wieder den Platz zurück, der ihr einst genommen wurde.

Die Ruinen, die unsere Zeit hinterlässt, sind für unsere Nachfahren sicherlich von Interesse.

Über dem Landschaftspark Duisburg-Nord bahnt sich ein abendliches Sommergewitter an.

Frank Baier mit einem seiner neuesten Liederbücher »Glück auf!«. Er sammelt Lieder und Geschichten aus dem Ruhrgebiet.

Lieder aus dem Pott

Schön anzusehen sind die alten Zechensiedlungen. Die kleinen Häuser sind meist aus rotem Backstein gebaut, mit Werkstatthüttchen im Garten und einem Gemüsebeet vor der Haustür. In diesen Siedlungen zu wohnen war sehr begehrt, als der Pott noch »brodelte«. Gesellschaftlich nicht hoch angesehen war hingegen, wer in sogenannten Männerwohnheimen wohnte, da in diesen Arbeiterunterkünften viel getrunken und gelumpt wurde. Deshalb ließ man sich etwas einfallen, um Männern ein Leben in den Wohnheimen zu ersparen: die sogenannten Kostgänger. Es wurde im Schichtdienst malocht, und so waren in den Siedlungen für die Männer der Gegenschicht Schlafplätze frei. Es gab drei Varianten: »Halbe Kost« umfasste nur die Wohnung und eine Mahlzeit, »volle Kost« beinhaltete alle Mahlzeiten und »volle Kost voll« auch noch die »Kostmutter«! Nach Schließung der Zechen wurden auch viele Zechensiedlungen abgerissen und verkauft.

Der in Duisburg lebende Liedermacher Frank Baier setzte sich lange Zeit für den Erhalt und die genossenschaftliche Nutzung der Zechensiedlungen ein. Mit Erfolg: Heute lebt er selbst in einem solchen netten Häuschen in der Rheinpreußensiedlung und schreibt dort seine Lieder und Bücher. Frank absolvierte, wie schon sein Vater und Großvater, eine Lehre bei Krupp. Er weiß also, wovon er singt. Er hat mehrere Alben mit Arbeiterliedern und eigenen Songs zum Ruhrgebiet herausgebracht, ebenso Bücher mit Noten und Texten alter Lieder sowie mit gesammelten Geschichten aus dem Pott.

FRANK BAKER

Europas größtes Einkaufszentrum »CentrO« in der »Neuen Mitte« Oberhausen.

Landei Frida beim Spiel in einer Fußgängerzone. Sie fühlt sich sichtlich wohl.

Im Ruhrgebiet gibt es viel zu sehen. Auch wenn sich jeder etwas anderes anschaut.

An solchen kleinen Büdchen kaufte der Malocher alles, was er zum Leben brauchte.

Schöne Aussichten: Der Himmel überm Ruhrgebiet ist heute blau, nicht mehr grau.

Der Landschaftspark Duisburg-Nord bietet seinen Besuchern ein Farbenspektakel.

>> Wir verbringen viele Stunden an wunderschönen Plätzen am Ufer. <<

DER ALLGÄUER SCHEUT DIE STEIGUNG NIE ...

(Am) Rhein in den Odenwald und raus auf die Alb

In Duisburg gelangen wir an den Rhein. Dieser Fluss weist uns den Weg in den Süden. Wir folgen seinem Lauf flussaufwärts bis kurz vor Mannheim. Der Odenwald und die Schwäbische Alb lauern uns mit Steigungen auf. Wir merken: Wir sind zu Flachlandradlern geworden.

» An diesem Sonntag ist anscheinend jeder in Köln auf seinem Drahtesel unterwegs. «

An Väterchen Rhein entlang

Mit dem Fahrrad durch das Ruhrgebiet zu rollen, ist wirklich eine schöne Sache. Auch hier sind die Radwege bestens ausgeschildert. Die Kilometerangaben führen uns die Zusammenballung von Städten vor Augen, in der wir uns befinden, wenn es zum Beispiel auf ein und demselben Schild heißt: »Essen-Zentrum 11 km, Gelsenkirchen-Zentrum 9 km, Oberhausen-Zentrum 12 km«. Oft ist gar nicht zu sehen, wo die eine Stadt endet und die andere anfängt. Die Radwege verlaufen teilweise auf ehemaligen Eisenbahntrassen oder an Flüssen oder Kanälen entlang. Die Menschen haben sich mit dieser uns unendlich erscheinenden Megastadt arrangiert. Die Wasserläufe dienen ihnen als Freizeitzentren: Sie sonnen sich an den Kanälen, grillen oder picknicken am Ufer, und die Jugendlichen springen von den Brücken mit zuweilen waghalsiger Akrobatik ins Wasser.

Für eine Nacht gönnen wir uns ein Zimmer in einem Arbeiterhotel, eine weitere Nacht verbringen wir auf einem Campingplatz. Dieser unterscheidet sich insofern von anderen in Deutschland, als wir fast die Einzigen mit Zelt sind, und die meisten, die hier in Bungalows übernachten, tatsächlich das ganze Jahr auf dem Campingplatz leben. Eine Familie erzählt uns: »So können sogar wir mit unserem kargen Einkommen uns ein Eigenheim leisten.«

In wenigen Tagen führt uns der Fluss vorbei an moderner Architektur in Düsseldorf, alter deutscher Geschichte in Koblenz und an den fruchtbaren Weinbergen des Mittelrheintals.

Der Medienhafen Düsseldorf zeigt, was Architektur heute kann und ist: Sie verbindet Alt mit Neu.

Dort, wo die Ruhr bei Duisburg in den Rhein mündet, verirren wir uns noch einmal kräftig in dem großen Hafengebiet. Erst ärgern wir uns. Aber dann finden wir es interessant, durch dieses Labyrinth von Wasserarmen zu fahren. Manchmal sind wir ganz alleine zwischen alten und neuen Lagerhallen. Nur ein paar Hafenarbeiter kreuzen hier und da unseren Weg. Ein wenig können wir uns nun vorstellen, wie das Ruhrgebiet einst war und was diese Wirtschafts- und Lebensregion noch heute bedeutet. Schließlich finden wir den Weg an den Rhein und damit unseren Begleiter für die nächsten paar Hundert Kilometer.
Locker-flockig strampeln wir von Duisburg über Düsseldorf flussaufwärts an Väterchen Rhein entlang bis nach Köln. An diesem Sonntag ist anscheinend jeder in Köln auf seinem Drahtesel unterwegs und flaniert den Rhein auf und ab. Als wir die Domstadt schon wieder fast verlassen haben, wird der Dammweg von einer Menschenmenge versperrt, und wir schieben unsere Packesel durch ein Karnevalsspektakel (es ist Anfang August!), das alle Vorurteile bestätigt: Hier werden mitten am Tag Gassenhauer gegrölt, es wird getanzt, angestoßen, getrunken, geflirtet, gelacht … was am Höhepunkt des Karnevals in einem halben Jahr los sein wird, können wir eher steifen Allgäuer uns kaum ausmalen.
An der ehemaligen Bundeshauptstadt Bonn vorbei fahren wir Richtung Koblenz weiter. Kurz vor dem Deutschen Eck überqueren wir die Mosel, die hier in den Rhein mündet. Ab jetzt wird das Mittelrheintal immer enger. Steile Weinberge und viele Burgen über dem Tal begleiten unseren Weg. Teilweise wird der Rhein gesäumt von einer Bundesstraße auf der einen und der Bahnlinie auf der anderen Seite. Daher radeln wir oft in den Weinbergen, was viel anstrengendes Bergauf und Bergab bedeutet. Das Wetter ist in diesen Tagen nicht das Beste, was dazu beiträgt, dass wir diesen Abschnitt des Rheins bald als beengend empfinden und froh sind, als sich bei Bingen die Landschaft wieder öffnet, sich gleichzeitig die dichte Wolkendecke hebt und bald auch wieder der blaue Himmel zu sehen ist.

Alten Hafenkränen nachempfunden ist die Form dieser »Kranhäuser« am Rheinauhafen in Köln.

Der Rhein hat viele Gesichter. Er ist auch heute noch eine der Lebensadern unseres Landes.

Rhein, ade!

Der Rhein ist seit Langem wieder ein recht sauberer Fluss. Das Wasser ist klar, und übler Geruch gehört der Vergangenheit an. Wir verbringen viele Stunden an wunderschönen Plätzen am Ufer und nehmen ausgiebige Bäder im Fluss, während sich große Frachtschiffe langsam, aber unermüdlich an uns vorbeischieben. An Tagen, an denen das Wetter nicht mitspielt oder unsere Lust am Fahrradfahren schwindet, fragen wir ab und zu die Leute auf diesen Schiffen, wenn diese gerade am Ufer pausieren, ob sie uns nicht ein Stück mitnehmen könnten. Leider ohne Erfolg. Die, die uns mitnehmen würden, fahren in die falsche Richtung, und die anderen erklären, das gehe aus versicherungstechnischen Gründen nicht.
Nach vielen Tagen entspannten Radelns in dieser idyllischen, aber stark frequentierten Flusslandschaft freuen wir uns auf eine Abwechslung. Wir verlassen den Rhein zwischen Worms und Mannheim in Richtung Osten.

Die Kraft, die von diesem Fluss ausgeht, ist zu spüren: Wasserkraft entschleunigt.

Gerade in den Abendstunden zieht es viele an und in den Rhein.

Seichtes Flussufer am Rhein bei Ingelheim. Der Badestrand ist auch für Nichtschwimmer geeignet.

Ein Blick auf das andere Rheinufer und in die Weinberge des Oberen Mittelrheintales.

So viel, wie wir beim Radeln zur Unterhaltung von Frida geträllert haben, habe ich mein Leben lang noch nicht gesungen.

Vorsicht, steil!

Wir tauchen in die Mischwälder des Odenwalds ein und kämpfen uns noch am Abend eine Steigung empor, um unser Nachtquartier auf einem Hügel mit Rundumblick aufzuschlagen.
Einmal verfranzen wir uns in einem Wald. Zum Glück begegnen wir einem älteren Spaziergänger. Er zeigt uns den richtigen Weg, doch dann zieht er seine Stirn in Falten: Er glaube, das werde zu steil für uns. Wir lachen innerlich auf und erklären ihm, dass wir aus den Bergen kommen und schon so manche Steigung bewältigt haben. Der freundliche Herr nickt und lächelt uns mit einem unergründlichen Gesichtsausdruck an.
Motiviert radeln wir unter einem grün leuchtenden Blätterhimmel bergan und freuen uns, dass wir einen Weg fernab der großen Verbindungsstraße gefunden haben. Doch das Lachen vergeht uns schnell und weicht verbissenen Mienen: Es wird immer steiler. Mein Fahrrad fängt an zu kippen, und Frida schreit von ihrem wackligen Thron: »Sneller, sneller!« Dann ist Schluss mit lustig. Wir versuchen, die Räder zu schieben, aber unsere Füße rutschen auf dem Kiesweg ab, wir kommen keinen Meter vom Fleck. Zu zweit müssen wir jeweils ein Fahrrad hochschieben, während Frida ständig brüllt. Sie will nicht laufen! Um ihrem Streik Nachdruck zu verleihen, wirft sie sich auf den Boden. Als wir an diesem Abend unser Lager aufschlagen, denken wir an den freundlichen Herrn, und wie er wohl gelächelt hätte, wenn er uns hätte beobachten dürfen.

chariot

> Macht es einen Unterschied, ob man aus dem fernen Ausland zurückkehrt oder von einer Reise durch Deutschland?

BERGE, MILCH UND LEDERHOSEN

Von der Alb in die Alpen

Schon in der Schwäbischen Alb erscheinen uns viele Dinge wieder sehr vertraut. Wir sind gespannt, wie es uns ergehen wird, wenn wir genauso langsam, wie wir gestartet sind, nun wieder zurückkehren. Hat sich für uns irgendetwas an unserer Sichtweise geändert?

» Jetzt heißt es also nach Monaten wieder zurückkehren in die Zivilisation und zur Hektik des Alltags. «

Das Tor zur Heimat

Langsam, aber sicher nähern wir uns der Heimat. Vom Odenwald aus überqueren wir den Neckar und steuern dann querfeldein den Süden an. Noch einmal kreuzt dieser Fluss unseren Weg, aber dann geht es hoch in die Schwäbische Alb. Wir nehmen ihre bescheidene Schönheit wahr und freuen uns wieder einmal an einer Landschaft so nahe an zu Hause, die wir noch nie wirklich beachtet haben. Nach Geislingen quälen wir uns die letzte größere Steigung hoch, die alte Weilersteige, und nach einer Nacht auf der Alb-Hochebene wissen wir, dass wir unmittelbar vor dem Tor zur Heimat stehen. Ulm liegt uns zu Füßen, und die Iller, die nicht weit von unserem Heimatdorf entspringt, weist uns den Weg. Das Landschaftsbild und die Bauweise der Häuser werden uns immer vertrauter. Jetzt ist es genau umgekehrt wie beim Start: Mit jedem Kilometer schließt sich der große Kreis mehr. Der Dialekt wird dem unsrigen immer ähnlicher, der Getreideanbau nimmt ab, die grünen Wiesen für das Milchvieh nehmen zu. Und wir werden immer stiller. Wie wird jetzt unsere Heimat auf uns wirken? Wird es sein wie nach jeder Reise? Macht es einen Unterschied, ob man aus dem fernen Ausland zurückkehrt oder von einer Reise durch Deutschland? Werden wir im Vertrauten genauso die kleinen Details entdecken, die uns auf dieser Reise oft fasziniert und amüsiert haben?

Ein paar Tage bergauf, bergab durch die Schwäbische Alb. Der letzte Fluss, der uns leitet, ist die Iller, die nahe unserem Heimatdorf entspringt.

Zwei, die viel erlebt haben, aber die Kunst des Schweigens beherrschen: mein Rad und der Baum.

Nein, wir werden nicht! Irgendwo an der Iller zwischen Ulm und Kempten liegt anscheinend ein unsichtbarer Tunnel, den wir unbemerkt durchfahren, und der uns aus der Parallelwelt der Reise sanft, aber unaufhaltsam wieder zurückführt in die Welt unseres Lebensalltages. Weil uns das bewusst wird, schlagen wir in Kempten, also nur 20 Kilometer vor unserem Heimathafen, noch einmal das Zelt auf. Die erschöpft-melancholische Stimmung, in der wir uns am Ende einer Reise oft befinden, nutzen wir, um noch einmal über unser Land und speziell über das Allgäu nachzudenken.

Wofür steht das Allgäu eigentlich? Neben dem Tourismus wohl hauptsächlich für schöne Landschaften, Tradition und Milchwirtschaft – also für Berge, Lederhosen und Käse. Und das alles scheint untrennbar miteinander verbunden zu sein. Wirklich, es gibt wunderbare Ecken hier, auch solche, die nicht vom Fremdenverkehr überlaufen sind. Die Lederhose und das Dirndl durchleben gerade eine Art Renaissance. Doch der Viehscheid, der Tag, an dem die Kühe nach dem Bergsommer von den Alpen in die Täler zurückkehren, mutiert derzeit zu einem Oktoberfest für Stadtmenschen. Diese freuen sich weniger über einen erfolgreichen Alpsommer als vielmehr über volle Maßkrüge und Après-Ski-Hits, die sie auf der Bierbank stehend mitgrölen.

Trotzdem spüre ich, wenn ich die Hirtinnen und Hirten am Viehscheid beobachte, eine ähnliche Stimmung wie jene, in der wir uns nach unserer Reise befinden. Für sie ist der Sommer in der Abgeschiedenheit der Berge vorbei, die Arbeit ist vollbracht. Wenn alles gut ging, ist kein Vieh zu Schaden gekommen, und es konnte eine Kranzkuh gekürt und geschmückt werden. Jetzt heißt es also nach Monaten wieder zurückkehren in die Zivilisation und zur Hektik des Alltags. Ein Alpsommer ist kein Zuckerschlecken. Arbeit von früh bis spät, sieben Tage die Woche. Und doch wirken diese Menschen aufgeladen von natürlicher Energie, bereit, den Wahnsinn der Viehscheid-Gaudi zu ertragen und ebenso alles, was danach kommen mag.

Ein stolzer Allgäuer Bub hilft beim Viehscheid mit, wenn die Kühe im Herbst ins Tal getrieben werden.

Erfahrungsaustausch nach getaner Arbeit: Hirten und Treiber unter sich.

Blieb der Alpsommer frei von Unfällen und Verlusten, wird eine Kranzkuh gekürt.

Selten schmeckt eine Maß so gut, aber auch ohne Alkohol ist der Scheid ein besonderer Tag.

Aus der großen Herde treibt jeder Landwirt sein Vieh heraus und bringt es heim.

Computergestützte Käseproduktion und das Schmieren der Laibe mit Robotern gehören zur modernen Milchveredelung im Allgäu.

Alles Käse

In den Allgäuer Alpen gibt es noch Sennalpen, auf denen Käse in Handarbeit hergestellt wird, auch wenn EU-Verordnungen hier leider bald einen Riegel vorschieben könnten, indem sie einen gefliesten Boden in den Käsekellern vorschreiben statt des für das Reifeklima viel besseren Erd- und Kiesbodens der alten Alphütten.

Die überwiegende Realität der modernen Milchverarbeitung im Allgäu und in unseren Supermarktregalen sieht jedenfalls heute schon anders aus. Der herkunftsgeschützte Allgäuer Emmentaler, der weltweit gehandelt wird, wird eher industriell in Großmolkereien hergestellt. Hier riecht es in den Produktionshallen nicht mehr streng nach Käse, sondern eher steril nach Chlor. In Edelstahlbehältern wird der Käse in Quaderform bis zu 130 Kilogramm schwer hergestellt, da er sich so effektiver lagern und transportieren lässt als in der traditionellen Rundlaibform. Der ebenfalls herkunftsgeschützte Allgäuer Bergkäse wird in Rundlaiben bis zu 50 Kilogramm produziert.

In den modernen Großmolkereien wird das regelmäßige Schmieren der Bergkäselaibe nicht mehr von Hand mit Bürste und Salzlake ausgeführt, sondern von vollautomatischen Schmierrobotern. Die gesamte Rohmilch zur Herstellung dieser beiden Käsesorten muss aus der Region stammen. Im Allgäu wird aber auch Bio-Dammer für einen großen Discounter produziert, und die Biomilch hierfür wird Teilweise bis aus Großbritannien importiert. Ein Teil der Allgäuer Milch dagegen wird heute unter anderem nach Italien und Griechenland gekarrt und kommt dann als italienischer Mozzarella, griechischer Feta oder Joghurt wieder zurück in unsere Supermarktregale.

ROBI 2013

» Und an so was glaubt ihr? «

Schniedars Dorle, die Heilerin

Wie schon beschrieben, ist der Allgäuer, ähnlich dem Friesen, oft eher wortkarg, um nicht zu sagen maulfaul. Interessanterweise sind aber gerade die oft rau wirkenden Allgäuer für bestimmte Dinge sehr sensibel.
Auf unserer Reise haben wir festgestellt, dass in vielen Gegenden Deutschlands heute Schamanen und Geistheiler beliebt sind. Menschen reisen um die halbe Welt, um Kurse bei den Heilkundigen fremder Kulturen zu belegen. Wenn wir aber irgendwo in Deutschland erzählten, dass es bei uns im Allgäu Beterinnen und Beter gibt, die durch Handauflegen und das Murmeln oder laute Aufsagen eines Gebetes zum Beispiel eine Warze wegbeten können, dann wurden wir ungläubig angeschaut und gefragt: »Und an so was glaubt ihr?« Am liebsten antworte ich dann immer: »Nein, ich glaub nicht dran, aber helfen tut's trotzdem!« Was aber nicht stimmt, denn ich glaube daran. Und mir scheint, dass es nur noch wenige Gegenden in unserem Land gibt, in denen so viele Menschen an Heilverfahren wie Warzen-Wegbeten, Blutstillen und Brandlöschen (das Lindern von Entzündungen) durch dazu befähigte Personen glauben. Ich jedenfalls bin damit aufgewachsen, dass Leute, die schlecht schlafen oder immer kalte Füße haben, einen Wünschelrutengänger kommen lassen, um zu überprüfen, ob ihr Bett womöglich über einer Wasserader steht. Und hat man eine Warze, geht man ins Nachbardorf, um sie von »Schniedars Dorle« wegbeten zu lassen.

»Schniedars Dorle« heißt eigentlich Dorothea Rapp und wohnt in einem Bauernhaus in unserem Nachbardorf Schöllang. Sie habe lange nichts gewusst von ihrer Gabe, erzählt sie. Ihr verstorbener Mann hingegen habe immer schon diese besondere Gabe in seiner Frau vermutet. Eines Tages, als eine ihrer Kühe eine schlimme große Warze an einer Zitze hatte, die schon Blut in der Milch zur Folge hatte, sagte ihr Mann zu ihr: »So, jetzt gehst du raus in den Stall und legst der Kuh deine Hände auf!« Sie habe zuerst nicht gewollt und sich geweigert: »Was soll das? Was kann ich da tun?« Aber schließlich habe sie nachgegeben. Als sie der Kuh dann ihre Hände aufgelegt habe, hätten sich diese plötzlich riesig und geschwollen angefühlt, dick wie Boxhandschuhe. »Joram«, habe sie gedacht, »da stimmt doch was nicht!?« Und es habe gezogen und gekribbelt, und sie habe gebetet, denn so sei sie erzogen worden: dass man betet, wenn man einen Wunsch hat. Als sie aus dem Stall zurückgekommen sei, habe ihr Mann gefragt: »Und, hast du's getan?« »Ja, ja, ich hab's getan.« Scherzend habe er dann gemeint: »Dann wasch dir jetzt die Hände, damit du die Warze nicht bekommst!« Das habe sie getan und tue es auch heute nach jeder Behandlung, um alles abzustreifen.
Nach einigen Tagen rief ihr Mann sie zu der Kuh und zeigte auf die Warze, die gar nicht mehr prall und groß, sondern verschrumpelt und eingetrocknet war. Bald fiel sie ganz ab, und das Blut in der Milch verschwand.

Eigentlich heißt sie Dorothea Rapp, aber in unserem Dorf ist sie noch unter dem Hausnamen »Schniedar« ihres Geburtshauses bekannt.

Prächtiges Wolkenspiel am Himmel bei Schöllang

»Aber gell, das erzählst du niemandem! Sonst denkt man noch, die spinnt«, bat sie ihren Mann. Aber wie das so ist – »Mannsbilder schwätzen auch gern« –, erzählte er es dann doch einem Cousin, dessen Kühe eine ansteckende Flechtenerkrankung hatten. Und auch da, erzählt Dorle, habe sie helfen können. So habe das dann die Runde gemacht. Ob Warzen wegbeten, Blut stillen während einer Operation, Schmerzen lindern und vieles mehr, bei Mensch und Tier.

Während ich mit ihr in der Familienküche sitze, klingelt das Telefon, und eine Frau aus dem gut 70 Kilometer entfernten Kaufbeuren ruft an. Sie bittet Dorle, an einem bestimmten Tag für ihren Sohn zu beten, der habe in der Schule eine wichtige Prüfung zu schreiben. »Ja, lernen muss er halt selber! Aber dass er nicht so aufgeregt ist, dafür kann ich beten«, antwortet Dorle in tiefstem Oberallgäuer Dialekt, sodass ich mir nicht einmal sicher bin, ob das am anderen Ende der Leitung in Kaufbeuren noch verstanden wird. Geld verlange sie keines für ihr Tun. »Die Leute geben halt, was sie wollen.« Einmal habe sie einer Prinzessin geholfen und dafür ein schönes Stück Hirschbraten bekommen, gut sei der gewesen. Selbst Ärzte kämen mit ihren eigenen Wehwehchen zu ihr, wenn zum Beispiel bei einer Gürtelrose die Schulmedizin nicht mehr greife. Ich frage, ob ihr Tun sie selbst anstrenge oder gar aussauge. »Ich merke schon, dass ich was getan habe, aber wegnehmen oder schaden tut mir das nichts.« Oft wird sie gefragt, ob sie spürt, wenn im Körper eines Menschen etwas nicht stimmt. Sie antwortet dann: »Nein, ich gebe bloß ab und bete dabei, dass es heilt, oder dass es gut wird, oder dass die Schmerzen weggehen ... und das klappt!«

Das ist eine jener Geschichten, der wir vielleicht gar keine Beachtung geschenkt hätten, weil wir sie für normal halten. Erst das Reisen durch Deutschland, die vielen Gespräche mit Menschen an anderen Orten des Landes und der Versuch, auch unsere eigene Heimat einmal von außen zu betrachten, hat sie für uns interessant gemacht.

»Obheiter« nennen wir es,
wenn die Wolken tief
im Tal hängen und in den
Bergen über ihnen die
Sonne scheint.

Kühe auf der Weide vermitteln uns ein Heile-Welt-Gefühl.

In den Bergen findet man viele Alphütten, in denen die Hirten den Sommer über wohnen.

Eine beeindruckende Idylle fernab von Zivilisationsreizen.

Klischee und Wirklichkeit liegen im Allgäu oft ganz eng beisammen.

Wenn das Wetter umschlägt, ergeben sich oft ganz besondere Momente.

Frida ist gereift auf dieser Reise, sie ist selbstständiger geworden. Aber welchen Eindruck wird die Reise durch unser Land in uns hinterlassen?

Schlusswort

Wir sind nun über fünf Monate durch Deutschland gereist, haben die verschiedenen Regionen erlebt, die unterschiedlichen Landschaften auf uns wirken lassen, mit vielen Menschen geredet und Einblicke in deren Lebensrealität erhalten – unser Heimatland hat einen sehr großen Eindruck in uns hinterlassen, und wir sind uns ein Stück weit bewusster geworden, was es für ein Geschenk ist, in dieses Land geboren zu sein, aber dass dies auch gleichzeitig Verantwortung bedeutet. Denn wie mit jedem Geschenk, das man unachtsam einfach nimmt, es als selbstverständlich hinnimmt, verliert auch dieses an Wert.

Was ist Deutschland? Wir sind Deutschland – jeder Einzelne von uns. Wir beeinflussen mit unserer Haltung und unseren Handlungen die Atmosphäre und die Stimmung in diesem Land. In diesem Bewusstsein versuchen wir, wieder in den Alltag zu starten, mit Vertrauen durchs Leben zu gehen und mit dem sicheren Wissen, dass alles erreichbar ist, wenn man es nur wirklich will, denn: »Die Entfernung ist unwichtig. Nur der erste Schritt ist schwierig.«

Wie oft nach solchen Reisen dürfen wir feststellen, dass die Landschaft, in der wir leben, eine der schönsten ist, die wir uns wünschen könnten.

Danksagung

Als wir im Mai 2011 auf unsere Fahrradreise durch Deutschland aufbrachen, haben wir lange überlegt, ob wir die Fotoausrüstung überhaupt einpacken. Als Fotograf läuft man damit immer Gefahr, nicht von der Arbeit wegzukommen, und wir wollten, dass auf dieser Reise nicht das Fotografieren im Mittelpunkt steht, sondern wir, als frischgebackene Familie. Dass aus dieser Reise ein Bildband werden sollte, konnten wir uns damals noch nicht vorstellen. Wir wünschen uns, dass Frida uns nie verübeln wird, dass sie schon als kleines Kind in einem Bildband zu sehen ist, und möchten uns an der Stelle für alle Zukunft bei unserer Tochter bedanken. Frida, du bist jetzt, da ich diese Zeilen schreibe, auf den Tag genau viereinhalb Jahre alt. Diese viereinhalb Jahre waren eine wunderbare Zeit für uns, und du und deine kleine Schwester Leni haben unser Leben ungemein bereichert. Besonders diese Monate des Reisens mit dir haben uns als Familie zusammengeschweißt und bilden eine gute Basis für unsere Zukunft. Wir danken dir, dass du uns so viel Neues gelehrt hast, und möchten dir, liebe Frida, dieses, unser erstes Buch widmen.
Auch möchten wir an dieser Stelle allen danken, die diese Reise so bereichert haben, all den Menschen, denen wir unterwegs begegnen durften und die mit ihren Geschichten das Wesentliche dieses Bildbandes ausmachen.
Ein Dank an unsere Familien für ihr Vertrauen in uns und ihr Verständnis für unsere Art zu leben. Vielen Dank, liebe Kathrin, für deine Zeit und das Überarbeiten der Texte.
Danke, liebe Hanna Eder, für deine Mithilfe bei der Auswahl der Zitate und Überschriften.
Ein Riesen-Dank an unsere Freunde Monika Koch und Heiner Tettenborn für tage- und nächtelanges Überarbeiten und Ausfeilen der Texte.
Nicht zuletzt gilt unser Dank all jenen, die nun dieses Buch in Händen halten und sich offensichtlich auch für die Welt vor ihrer Haustüre interessieren und für eine gemessen am großen Tourismusrummel unspektakuläre Reise durch unser Land.

Impressum

Verantwortlich: Joachim Hellmuth
Redaktion: Linde Wiesner
Layout: VerlagsService Gaby Herbrecht
Repro: Ludwig Media
Umschlaggestaltung und Layoutkonzept: Ulrike Huber
Kartografie: Astrid Fischer-Leitl
Illustrationen: Frank Duffek
Herstellung: Bettina Schippel
Printed in Italy by Printer Trento

Sind Sie mit diesem Titel zufrieden? Dann würden wir uns über Ihre Weiterempfehlung freuen.

Erzählen Sie es im Freundeskreis, berichten Sie Ihrem Buchhändler, oder bewerten Sie beim Onlinekauf. Und wenn Sie Kritik, Korrekturen, Aktualisierungen haben, freuen wir uns über Ihre Nachricht an Frederking & Thaler Verlag, Postfach 40 02 09, D-80702 München oder per E-Mail an lektorat@verlagshaus.de.

Unser komplettes Programm finden Sie unter

www.frederking-thaler.de

Alle Angaben dieses Werkes wurden von den Autoren sorgfältig recherchiert und auf den neuesten Stand gebracht sowie vom Verlag geprüft. Für die Richtigkeit der Angaben kann jedoch keine Haftung übernommen werden.

Bildnachweis: Alle Fotografien © Bruno Maul
Umschlagvorderseite: Viel zu Entdecken gibt es zwischen den Allgäuer Bergen und der Ostsee.
Umschlagrückseite: Unser neues Zuhause auf Zeit: das Zelt (l.o.); Wie klingt Deutschland? (r.o.); Entschleunigt durch das Land (l.u.); Skurrile Begegnungen (r.u.).
Vorsatz: Deutschland – das Gartenzwergparadies.
Hintersatz: Die Allgäuer Alpenkette.
Seite 5: Mohnblumen am Wegesrand.
Seite 6/7: Getreideanbau im Unterallgäu.
Seite 8 (v.l.n.r.): Immer ein willkommener Hingucker: die »Mähfle«; Herrliche Aussichten; Morgendliche Zahnpflege.
Seite 188: Ebbe-Stimmung an der Nordsee.

Die Deutsche Nationalbibliothek verzeichnet diese Publikation in der Deutschen Nationalbibliografie; detaillierte bibliografische Daten sind im Internet über http://dnb.d-nb.de abrufbar.

ISBN 978-3-95416-182-9

Ebenfalls erhältlich ...

ISBN 978-3-89405-903-3

ISBN 978-3-89405-978-1

ISBN 978-3-95416-143-0

ISBN 978-3-95416-120-1

ISBN 978-3-95416-180-5

ISBN 978-3-95416-163-8

FREDERKING & THALER
www.frederking-thaler.de